# いかに人物を練るか

士学論講

安岡正篤



致知出版社

# はじめに

本書は、大正十三（一九二四）年四月から一年有余の間に、当時二十七歳の安岡正篤先生が、海軍大学校において「武士道哲学新論」と題して講義された講録であり、後に『士《し》学論講《がくろんこう》』として海軍大学校から刊行された講究録である。

その内容は、安岡教学の哲学的根幹をなす日本精神とその要諦の一つ武士道の講究を主眼としている。具体的に見ると、『王陽明研究』（大正十一年三月初版）によって海軍と結ばれた縁が出発点となり、『日本精神の研究』（大正十三年三月初版）の日本精神・武士道に関する論考を選んで海軍大学校で講述されたものである。

昭和の精神史を主導された安岡正篤先生の若き日の記念碑ともいうべき貴重な内容であり、しかも、大日本帝国海軍の将帥《しょうすい》となったエリート達との勝縁を結んだ得難いモニュメントであった。後に「陸軍の大川《おおかわ》（周明《しゅうめい》）、海軍の安岡」と俗に言いはやされたゆえんにも連なるところであった。

今日、「中華民族の偉大なる復興」の旗幟《きし》の下、隣国が台頭し膨張を図る中で、アジアの国際情勢が緊張の度を増している状況において、改めて、わが国の在り方、国民の姿勢が問い直されているといわねばならない。ナショナリズムや愛国心の在り方が問い直されていると言い換えてもよさそうである。

この状況は、『士学論講』の講述された大正末期のわが国の置かれたそれに酷似している。第一次世界大戦後のナショナリズムとインターナショナリズムの交錯する世界情勢の中において、大戦後、戦争景気のバブルがはじけ、バブルに浮かれている日本人への「天譴《てんけん》」のような関東大震災にもみまわれる中で、改めて日本精神や武士道が問い直された状況との著しい類似である。

内外の状況が酷似する昨今、九十年余の歳月を隔てて、この海軍大学校の講究録『士学論講』を繙《ひもと》いてみることは、故《ふる》きを温《たず》ねて新しきを知るよすがとなるのではあるまいか。

公益財団法人　郷学研修所　安岡正篤記念館
副理事長兼所長

いかに人物を練るか*目次

装　幀――川上成夫
編集協力――柏木孝之

# いかに人物を練るか

# 第一講　序論

## 武士道哲学新論とは

昔は*臨済禅師《りんざいぜんじ》説法《せっぽう》の座に上《のぼ》るにあたり、大衆に告げて曰《いわ》く、「*山僧今日事已《さんそうこんにちことや》むを得ずして、曲《ま》げて人情に順《したが》って方《まさ》に此《こ》の座に上る。*若《も》し祖宗門下《そそうもんか》に約《やく》して大事を称揚《しょうよう》せんには、直《ただ》ちに是《こ》れ開口《かいこう》するを得ず」と。

我々学道を講ずる者は、まことに禅師の如き感懐《かんかい》を禁じ得ない。私もただ曲げて人情に順って、即ちやむにやまれぬ大和《やまと》魂《だましい》でこの座に上ったのである。大事は要するに、自他の自覚

---

**＊臨済禅師**（?～八六七）
臨済宗の祖。宋代に大いに栄え中国仏教の主流となった。その言行録『臨済《りんざい》録《ろく》』『臨済慧照禅師語録《えしょうぜんじごろく》』は語録の王といわれ、禅語録のバイブルとされている。

**＊山僧**
僧侶の謙称。自称。

**＊若し祖宗～するを得ず**
もし開祖や歴代の祖師に誓って仏法の一大事（大悟の因縁）を称賛しようとするのであれば、畏《おそ》れ多くてとうてい安易には発言することはできない。

精進《しょうじん》に待つほかはない。

かくて私の論ぜんとするは士学、特に武士道哲学新論である。かつて我が武士によって最も鮮やかに表現せられた自律自由の高貴なる道徳的精神を説くことである。

士学という語は、あるいは一般の耳に聞き慣れぬ言葉かもしれない。けれども私はこの語に非常な興味を感じ、またこの語の意味を充分現代人に味識《みしき》させたいと思っている。

まづ士の意義であるが、昔はこれを裁判官というほどの意味に用いたこともあった。『書経《しょきょう》』の「*皐陶《こうよう》、汝士《なんじし》と作《な》れ」という文章などに見ゆる士の意味がそうである。

また周代では、広く四民《しみん》の上に立って太夫《たいふ》の下に属する者を指して士と謂《い》った。それからすべて有官者、秩禄《ちつろく》を受くる者をもそう呼んだようである。『左伝《さでん》』などにはまた、戦場において*卒伍《そつご》を率いる者を士と称している。

この点からみれば、軍隊で将校の下にあって兵卒を率いる者

---

*「皐陶汝士と作れ」
　皐陶は帝王・舜の司法、司獄の長官。『書経』の舜典に「帝曰く、皐陶、…汝士と作り、五刑服するあり、五服三就《ごふくさんしゅう》せしめ、五流宅あり。五宅三居せしめ、惟れ明らかにして克《よ》く允《まこと》あらしめよ」とある。要は、刑罰を明らかにして、人をして信服せしめるようにせよの意。

*卒伍
　周代の人民の編成で五人一組を伍、百人一組を卒と称したが、ここでは転じて卒伍に編入された一般の兵隊を意味する。

に下士《かし》なる命称《めいしょう》を付していることは、由緒ある名づけ方と思われる。それがやがて一般に武夫を意味するようになり、転じて男児を総称するようにもなった。

しかしながら、ここにいわゆる「士」は、さらにいっそうの深い意義を有する。即ちいわゆる「義理を行う者」、道徳的行為の主体たる者を指すのである。

かくの如き意味において、孔夫子《こうふうし》の門下中にも最も尊敬すべき君子人の一人たる曾子《そうし》は、「士は以《もっ》て弘毅《こうき》ならざるべからず。任重くして道遠ければなり。仁《じん》以て己《おのれ》の任と為《な》す亦《ま》た重からずや。死して後《のち》已《や》む、亦た遠からずや」と千鈞《せんきん》の威重ある言を立てている。

孟子《もうし》も「恒産《こうさん》無くして恒心有るは唯《た》だ士のみ能《よ》くす」と論じている。換言すれば士とは則ち物の奴隷たらず、情欲の馬猿《ばえん》たらざる、真に自律自由なる人格者の謂《いい》にほかならない。

したがって士学という「学」の意義は、かくの如き士の精神

---

＊千鈞の威重　非常に重い権威。

＊馬猿　意馬心猿《いばしんえん》の略。〔仏〕煩悩・欲情・妄念のおさえがたいのを馬の奔走し猿のさわぎたてて制しがたいのに譬えていう語。

的原理——理想を明らかにして、やむにやまれぬ向上の道に人間を自覚せしむる教えでなければならぬ。断じて現象の冷《ひや》やかな自然科学的説明とは異なるものである。

このゆえに魯《ろ》の哀公《あいこう》が孔子に向かって弟子のうち誰が真に学を好む者かと尋ねられた時、孔子は顔回《がんかい》という者がありまして、これは真に学を好む人でありましたが、不幸にして今は没《な》くなりました。これをほかにして、私は未《いま》だ真に学を好む者を存じませぬ、と答えている。

世に孔門の弟子三千人と伝えているが、なるほど、単なる知識欲や好奇心、あるいは名聞利達《めいぶんりたつ》の欲望から学問する者はたくさんありもしたであろう。けれども真に自覚を深め人格を陶冶《とうや》するために学ぶ者は、孔子もしみじみ嗟歎《さたん》＊せざるを得ないほど少なかったのである。

私のここに士学を論ずるのも、実にかくの如き士道に対する、そもそも私の慚愧《ざんき》＊と世道《せどう》・人心に対する義憤《ぎふん》のやむにやまれぬ

＊嗟嘆　なげくこと。
＊慚愧　恥じ入ること。

ために、いわゆる曲げて人情に順っての沙汰《さた》である。

『漢書《かんじょ》』に「学んで以て位《くらい》に居《お》るを士と曰《い》う」と説いているが、孔夫子の言えるが如き意味において、真に学んで以てその位に居るような士が果たして現在どれほど在《あ》るであろうか。国家社会の改造とは、要するに各人が学んで以てその位に立つことを言い得るであろう。

『説文《せつもん》』に「士の字を解釈して十一とし、数は一に始まって十に終る。十を推《お》して一に合《がっ》するを士と為す」と教えている。つまりこの複雑煩悩《ぼんのう》極《きわ》まりない人生も、究極するところ、この精神活動、我が心の作用より生じているのである。

かかる人生を究尽《ぐうじん》して、迷妄《めいもう》するところなき人格を確立する者が士であるというにほかならない。

かくて人間生活の系統を示す歴史を顧《かえり》みるに、私はかくの如き士的精神が、我が国粋《こくすい》なる武士道において最も端的《たんてき》に表現されていることを痛感せざるを得ない。

---

＊漢書
　二十四史の一。前漢の歴史を記した紀伝体の書。後漢の班固の著。紀伝体（帝王の歴史を本記、人物の記録を列伝といい、この両者を中心とした史書の形式）に基づく断代史（王朝一代の歴史）として後世史家の範となった。

＊説文
『説文解字』の略。中国最古の部首別字書。中国の文字学の基本的古典。後漢の許慎撰。漢字九千余字を五百四十の部首により分類し、字形の成り立ちを説明している。

＊究尽
究め尽くす意。宇宙の真

しかるに、現在かかる尊貴《そんき》なる武士道精神を甚《はなは》だしく閑却《*かんきゃく》し、否《いな》、むしろこれに対し無理解浅薄《せんぱく》なる反感をさえ示して、真にこれを探究する者もないのは、実に無量の深憂寂寞《*しんゆうせきばく》を覚ゆる。

私がここに士学を論ずるにあたって、特にこれを武士道哲学新論となし、あるいは道元《どうげん》禅師と鎌倉武士の精神生活を論じ、あるいは二天宮本武蔵《にてんみやもとむさし》の兵法《へいほう》論を語り、さらにまた山鹿素行《やまがそこう》の武士道哲学を述べようとするのは、一《いっ》にこの深憂寂寞によることを深く了察《りょうさつ》していただきたい。

## 憂うべき精神生活の頽廃

歴史を通じて静かに人間の精神生活を諦観《*たいかん》する時、私は古今その揆《*き》を一にしてありありと興亡《こうぼう》の理《ことわり》を示すものあるに、しばしば慄然《りつぜん》たらざるを得ない。

徳川幕府の治下《ちか》にあっても、家康・秀忠・家光三代の間は確

---

理、法の自性《じしょう》を徹見《てっけん》するを言う禅語。

**＊閑却**
打ち捨てておくこと。なおざりにすること。

**＊深憂寂寞**
深い憂いと物寂しさ。

**＊諦観**
〔仏〕明らかに真理を観察すること。「ていかん」と読む場合は、入念に見ること。詳らかに見ること。

**＊揆を一にす**
方法が同じである。「軌を一にす」に通ずる。規則・方法を同じくする。

かに草創《そうそう》の時代のこととて、質朴剛健《しつぼくごうけん》の気風《きふう》にみなぎっておった。けれどもかくの如き緊張に続く弛緩《しかん》、創業の後《のち》の太平《たいへい》に伴う堕落は、実に我々をして感慨深《ふか》からしむるものがある。

　およそ文明が爛熟《らんじゅく》し、人間精神が弛緩してくると、必ずまず人間の姿態《したい》が頽《くず》れ、一体に風俗が惰弱《だじゃく》になり、華奢《きゃしゃ》を誇るものである。幕府の初期には*茶屋女《ちゃやおんな》・*遊び者以外、一般に女は顔をあらわにして街を通るを恥じたものである。

　しかるに元禄《げんろく》の頃からその反対に*粉黛《ふんたい》を施《ほどこ》し、媚態《びたい》を示して街を練《ね》り歩くようになった。それに引き換えて、男はまた、編《あみ》笠《がさ》などでことさらに顔を隠し、細身の大小落《おと》し差《ざ》しにして歩くようなことが流行した。

　*太宰春台《だざいしゅんたい》の如きは、これを「風俗*澆漓《ぎょうり》に趨《おもむ》き人目を忍ぶもの多くなりたるにや」と憤慨している。

　刀もその昔剛刀《ごうとう》を誇ったものが、外には金銀螺鈿《きんぎんらでん》をちりばめて、中身にわざと軽い鯨骨《くじらぼね》を差しこんでおくようになった。

---

**＊茶屋女**
　客に飲食・遊興させることを業とする家などに奉公して、客の酌または給仕などをする女。

**＊遊び者**
　あそびめ。遊女。また座をとりもつもの。

**＊粉黛**
　おしろいとまゆずみ。化粧をすること。

**＊太宰春台**（一六八〇～一七四七）
　江戸中期の儒者。荻生徂徠に学び、経書・経済に通じ、近世の中国語にも詳しかった。著書『経済録』は、江戸の政治、経済思想を知る上で欠かせない名著。

そればかりではない。『＊病間長話』にもあるように、「近年の若武士《わかざむらい》は＊他行《たぎょう》などするにも二本棒《にほんぼう》は野暮《やぼ》らしきなどと出入《でいり》の町人の所へ預《あず》けるものあり。又は一刀帯《いっとうお》びるもあり。駕籠《かご》を出《い》でたる鳥の心に為《な》りて浄瑠璃屋《じょうるりや》にて町人と見らるるを喜ぶ者多し」というふうであった。

したがって町人らも、その昔の質朴な堅気《かたぎ》は次第に失《う》せて、玉縁笠《たまぶちがさ》を目深《まぶか》に被《かぶ》った優男《やさおとこ》が、そよ吹く春風に緋縮緬《ひぢりめん》の長襦袢《ながじゅばん》を袖長《そでなが》にほのめかし、紅裏《べにうら》つけた裳《すそ》をちらちらさせて、黒塗《くろぬり》の駒下駄《こまげた》をしなやかに履きながら、わざと垣根伝《かきねづた》いに俯目《ふしめ》で歩くを好《この》ましとした。

こういう華奢な装《よそお》いは、それからずっと幕府の滅亡に到るまで続いていったと見えて、たとえば＊白河楽翁《しらかわらくおう》も、

昔の男は髪にも油《あぶら》つけずして世にむくつけき風《ふう》にてありけり。それより程経《ほどへ》て髪に油つけて漆《うる》したるように塗り固め、

---

＊澆漓
世が末となって道徳衰え、人情の薄いこと。

＊病間長話
江戸中期の折衷学派の儒学者、井上金峨《きんが》（一七三二～一七八四）著。金峨が病中に門弟と交わした対話集。

＊他行
よそへ行くこと。外出すること。

＊白河楽翁
江戸後期の幕府老中・松平定信（一七五八～一八二九）のこと。寛政の改革を断行、和歌・絵画にも長じた文化人としても知られる。白河藩主を隠居して楽翁と号し

色好みする男は紅粉《こうふん》など顔に施《ほどこ》し、衣《きぬ》も美しきを好みたり。それより又移《うつ》りゆきて、今は髪にも油を薄くつけて鬢《びん》かき乱し、昨日結《ゆ》いけむようなるを好み、衣も美しきをば着ず、袖なども揃《そろ》わぬを厭《いと》わぬ様《よう》、只《ただ》色をも捨てたりと見ゆるなり。今にて曰《い》わば袖つけたるは謹《つつし》む風情《ふぜい》あればよしとせむ。

など、細《こま》かに当時の風俗を写している。

世態がかくの如く肉感的に、繊細優美《デリケート》になってゆくことは、同時に一般社会の肉欲的頽廃《たいはい》を示すものである。確かに一面から観て淫風の蔓延《まんえん》は、その社会の滅亡を語るものであると思う。

今の吉原《よしわら》に遊廓《ゆうかく》のできたのは*明暦《めいれき》の大火後であるが、いわゆる吉原通いは元禄後に至って著《いちじる》しく盛んになった。

その始めは人目を忍んで通うた者も、次第に恥《はじ》を忘れて、当時流行した豊後節《ぶんごぶし》とか、丹前節《たんぜんぶし》などを鼻うごめかして謡《うた》いながら、懐手《ふところで》して土手八丁を通うことを、かえって粋人《すいじん》とか通人《つうじん》た。

---

**＊明暦の大火**
明暦三年（一六五七）正月十八日〜二十日。江戸城本丸をはじめ市街の大部分を焼き払った大火事。死者十万余人。俗に振袖《ふりそで》火事と称された。

とかいって自慢するようになった。

それとともに町々の風呂屋、各地の湯治場《とうじば》に*湯女《ゆな》風呂と称するものができて、浴客《よくきゃく》に媚《こび》を売り淫《いん》をひさぐ風《ふう》が蔓延《まんえん》した。

湯女と云いてなまめける女共二十人三十人並び居て、垢《あか》をすすぎ髪を揆く。さて又其の他に容色《ようしょく》類《たぐい》なく、心ざま優《ゆう》にやさしき女房共、湯よ茶よと云いて持ち来《きた》りたわむれ、*浮世語りを為す。頭《こうべ》をめぐらし、一度《ひとたび》*咲《え》めば、百の媚を為し尽くして男の心を迷わす。されば之を湯女風呂と名づく。*太公望《たいこうぼう》が敵をはかるに、利《り》を好む者には財珍《ざいちん》を与えて此《こ》れを迷わし、色を好む者には美女を与えて是《これ》をまどわせと教えしも思いしられたり。よくある煩悩にまどいあかせる古狐《ふるぎつね》にばかされて、今宵《こよい》こん明日《あす》の夜も*こうこうと云いかたらい、みな人熱風呂《あつぶろ》を好みたまえり。

---

**＊湯女風呂**
遊女を置いた湯屋。

**＊浮世語り**
世間話。俗世間の人の話。

**＊咲む**
ほほえむ。にこにこする。

**＊太公望**
周の時代の名軍師・呂《りょ》尚《しょう》の異名。兵書『六韜《りくとう》』はその著と伝えられる。初め渭水の浜に釣り糸を垂れて世を避けていたが、周の文王に用いられた。太公に嘱望された人材の意。

**＊こうこうと**
斯う斯うと。かようかようと。「こうこうしかじか」と成語あり。

などとそぞろ物語に述べている。旗本《はたもと》・家人《けにん》などで、このために身を誤った者も少なからずあった。

湯女が流行《はや》る一面には、また有名な蔭間茶屋《*かげまぢゃや》などというものが跋扈《*ばっこ》した。それは美少年俳優などの色をひさぐ不義の快楽《けらく》場《じょう》である。葭町《よしちょう》などがその最も忌《い》まわしい巣窟《そうくつ》であった。

そしてこれを買う者は、今より類推《るいすい》しても明らかであるが、ほかならぬ良家の婦女、後家《ごけ》、尼僧《にそう》がその主なるものであった。この頃また尼僧の堕落のいうに忍びぬ者が多かった。元文《げんぶん》年間といい、天保《てんぽう》年間といい、これがために幕府は厳重な禁令を発したこともある。

かくて浄瑠璃に芝居に文学に、滔々《とうとう》として性欲生活、恋愛問題が主材となっていった。そのために最も茶毒《*とどく》せられたものは、いうまでもなく中央の武士階級である。

性欲的頽廃は、換言すれば道徳的精神の滅亡にほかならない。然諾《*ぜんだく》を重んじ、義勇《*ぎゆう》を尊び、利害打算のことを口にするを恥

---

＊**蔭間茶屋**
男娼を客席に侍らせ、客の求めに応じて歌舞・音曲を奏するなどした茶屋。

＊**跋扈**
のさばりはびこること。

＊**茶毒**
害毒を流すこと。

＊**然諾を重んず**
一度引き受けたことは、約束を重んじて必ずこれをなしとげる。

＊**義勇**
正義を愛する心から起きる勇気。

じて、斃《たお》れて後已《のちや》むの道徳的情熱に富んだ武士の理想的精神は、うち続く太平とその官能的堕落のために、臆病になり、柔弱になり、利欲に狡《ずる》くなって、次第にその特質を失ってしまった。

享保《きょうほう》年間、八代将軍吉宗《よしむね》がしきりに士風の振興《しんこう》を図《はか》った時も、誠に当年の実情は驚くべく懦弱《だじゃく》なものであったのである。堂々たる武家でありながら、鷹狩《たかがり》の途次《とじ》ころんだ刹那《せつな》、何か紅い草の実でも踏みつぶしたのであろう、紅い汁が足に付いているのを見て、怪我《けが》したとばかりに大騒ぎした者もあった。

家治《いえはる》将軍がまた西丸《にしのまる》に在《あ》る頃、一日近侍《きんじ》の武士を集めて馬上的《まと》を射《い》さした時も、的を射るはおろか、ばらばら落馬する者ばかりなので、覚えず失笑したこともあった。

いつの頃の落首《らくしゅ》か、武士の心術《しんじゅつ》を諷刺《ふうし》したものに寸鉄《すんてつ》骨を刺すものがある。


世の中は左様《さよう》でござる御尤《ごもっと》も何とござるかしかと存ぜず

---

＊斃れて後已む
〔『礼記』の表記〕死ぬまで努力して屈しない。

＊懦弱
なまけて弱いこと。いくじのないこと。

＊落首
風刺・嘲弄《ちょうろう》・批判の意をこめた匿名の戯歌。封建時代に政道批判の手段としてしばしば使われた。

＊心術
こころだて。こころばえ。

＊寸鉄骨を刺す
警句や警語で人の急所を衝くことのたとえ。

確乎《かっこ》たる信念なく、操守《＊そうしゅ》を失うた彼らは、要するに大勢《たいせい》順応・付和雷同《ふわらいどう》あるばかりである。「世の中は左様でござる」である。力ある者に対しては意気地《いくじ》なく屈服して、正義を楯《たて》に取って動かぬという――孟子のいわゆる「富貴《＊ふうき》も淫する能《あた》わず、貧賤《ひんせん》も移す能わず、威武《いぶ》も屈する能わざる」大丈夫《だいじょうぶ》底の気概がない。

物が力によって動く如く、彼ら生きたる肉塊《にくかい》は富貴・貧賤・威武、何によらず己を圧迫するものには、苦もなく「御尤も」と降参《こうさん》するのである。そして「何とござるか」、即ち汝の確信、人生の大道《たいどう》、何が正義なりやの根本問題に至っては、一向《いっこう》答うる術《すべ》を知らないのである。「しかと存ぜず」である。

これを局面糊塗《＊こと》主義という。酔生夢死《＊すいせいむし》という。徳川幕府の滅亡、武士政治の倒壊《とうかい》は畢竟《ひっきょう》かくの如き局面糊塗主義、酔生夢死の必然に招いた結果であった。

独《ひと》り徳川時代ばかりではない。たとえばこれを溯《さかのぼ》って平安朝

---

＊操守
心にかたく守って変わらないこと。

＊富貴も淫する～能わざる
いかなる富貴をもってしても、わが志を乱すことはできず、いかなる貧賤をもってしても、わが志を変えさせることはできず、いかなる威武をもって圧迫しても、わが志を屈従せしめることはできない。（『孟子』藤文公下）

＊局面糊塗
事の成り行きにまかせて、ごまかしの処置をすること。

＊酔生夢死
徒に一生を終ること。

に観《み》るも、貴族政治の滅亡に縁由《*えんゆう》する道徳的精神の頽廃を深刻に味識することができる。平安朝末期の公卿《くぎょう》生活は淫蕩《いんとう》な恋愛と放縦懶惰《ほうじゅうらんだ》な遊楽《ゆうらく》がほとんどその全部であったといってよい。

衣服も家屋《かおく》も宴安《*えんあん》にふさわしく弓太刀《ゆみたち》も単なる装飾具となり果てた。そして百夜《ももよ》の通《かよ》いなどという言葉のあるように、男はすべて美女に言い寄ることを能事《*のうじ》にし、女は一人でも多くの優男をこがれさすことを手柄《てがら》にし、姦通公行《かんつうこうこう》、甚だしきは骨肉《こつにく》互いにその婦《ふ》を犯さんとし、継母子《けいぼし》にして恬然《てんぜん》情を通ずる者も珍しくなかった。

それればかりではない。男女の交際にも夫婦遊びとも称すべき、仮に夫となり妻となって、始め艶言《えんげん》を発し、のち交接に及ぶといったような無慚至極《むざんしごく》な遊びが公然流行した。

そして詩歌《しいか》も文章も、争うて皆かくの如き頽廃的性欲生活の描写に走った。

---

＊縁由
ゆかり。縁故。動機。

＊宴安
安んじ楽しむこと。

＊能事
なすべき事柄。

その間、また卑猥蕪雑《ひわいぶざつ》な農民の歌舞であった*田楽《でんがく》が、不思議な勢いで都会に流行し、公卿といわず町人といわず、老幼男女体を組んで、奇怪な装束《しょうぞく》を着け、笛太鼓《ふえだいこ》に手拍子取って乱舞しながら市街を練《ね》り歩いた。

達識の士たる*大江匡房《おおえのまさふさ》が嘆息《たんそく》したように「妖異の萌す所」真に人間の解すべからざるものがある。

彼らの精神には、もはや*天地に俯仰《ふぎょう》する心、国家のために小《しょう》我《が》を忘るる心、神仏を礼讃《らいさん》する心、人なき室《しつ》に在《あ》って独りを慎《つつし》む心、そういう貴い*道念《どうねん》を寸毫《すんごう》も見られなかった。あるものはただ卑しい利己主義ばかりであった。

かくて利害の相反するところ、骨肉といえども仇敵《きゅうてき》の如く争うを常《つね》とした。藤原氏と之に絡《から》まる源平二氏の骨肉相《あい》せめいだのは、その好例である。

いわば彼らは飽くなき享楽の果て、見苦しくも相互《あいたが》いに動物的*反噬《はんぜい》を行うて自滅したのである。

---

**＊田楽**
田植えなどの農耕儀礼に笛・太鼓を鳴らして歌い舞ったことから始まる日本の芸能。

**＊大江匡房**（一〇四一～一一一一）
平安後期の公卿、学者。豊富な学識によって朝廷に仕え、後三条・白河・堀河の三代にわたって侍読を勤めた。同時代の風俗を記した数多くの著作を残した。

**＊天地に俯仰する心**
天上の神々にも地上の人々にも、少しも恥ずかしくない自分の心。

**＊道念**
道を求める思い。道義心。

史上幾度か繰り返されるこういう現象に対して静かに反省すると、いかにも私は鏡にかけて現代の姿を見ているように思われる。

現に今は男女が著しくその*好尚《こうしょう》を顚倒《てんとう》しているではあるまいか。男子に意気とか張りとかいうものがなくなって、著しく華奢で愛想が好《よ》い。いわゆる*巧言令色《こうげんれいしょく》である。風姿《ふうし》も*剛健端壮《ごうけんたんそう》というところが失せて、一般にちょうど絵画や広告によく描かれているように、線のほっそりとひょろひょろしたのが現代式である。

そして若紳士といえば、たいてい鼈甲《べっこう》かセルロイドかの大きな目鏡を顔一杯にかけて、*濃艶《のうえん》な手巾《ハンカチ》風のネクタイを風にほのめかし、楽譜か洋書か流行の創作物を抱《かか》えて、美顔術師のもとから出てきたばかりのようなのっぺりした顔に、時々髭《ひげ》など鼻下にちょんびり蓄《たくわ》えて、ダラシのない者が多い。

女はまた奥床《おくゆか》しいたしなみを一般に失ってしまって、街を通

---

＊反噬
動物が恩を忘れて飼い主にかみつくこと。

＊好尚
このみ。嗜好。はやり。

＊巧言令色
口先がうまく、顔色をやわらげて人を喜ばさせ、こびへつらうこと（『論語』学而篇）。

＊剛健端荘
たくましくすこやかで、正しくおごそかなこと。

＊濃艶
あでやかで美しいこと。

るにもあさましく感ぜられるほど濃厚な作りに、締まりのない身ごなしで、無恥無節操《むちむせっそう》をさらけているような者がずいぶん多く見受けられる。

ことに近頃髪を七三に分けて無雑作《むぞうさ》に束《たば》ねたり、手袋の首の釦をかけずに上を少しくめくっているところなど、楽翁の昔の観察通りである。

かくて現代人の生活は、やはり放縦自堕落な肉欲的頽廃、利己主義的狂暴を極めている。

蔭間《かげま》茶屋に類したこと、湯女に類したこともずいぶん盛んに行なわれる。市街をこそ練り歩かぬが、男女相擁《あいよう》して躍《おど》り狂うダンスが次第に公私の舞踏場より家庭へ広まりつつある。性欲文学が一世《いっせい》を風靡《ふうび》している。

そして人々は皆群集の陰に隠れて切実なる自己の反省を失い、道徳的勇気も残る方《かた》なく*銷磨《しょうま》して互に*卑陋《ひろう》な小我を立てて、執拗《しつよう》な利欲に絡まる猜忌嫉妬《さいきしっと》の炎に燃え、社会の至るとこ

---

*銷磨　すれてなくなること。
*卑陋　いやしいこと。下品。

ろに党同伐異《とうどうばつい》して一世を頽蕩《たいとう》せしめている。

後世燃犀《ねんさい》なる眼識を有する文明史家が現われたならば、現代は正しく日本の頽廃期として論ぜられるであろう。

## 今こそ士学を発揚す

現代のかくの如き頽廃は、どうしてもその縁由《えんゆう》を産業革命以来の物質文明に有すると思う。

産業革命が人間にもたらした最も偉大な効績は、いうまでもなく機械の発明、分業制度の発展、工業都市の勃興《ぼっこう》であろう。

これらは皆、人間がその生活内容を豊富便益《べんえき》にしようとする必然の努力より遂行《すいこう》されたのであるが、福《ふく》と見れば禍《わざわい》の伏《ふく》すところ、禍と思えば福の依《よ》るところ、命極《きわ》むべからざるが人生である。

いかにも人間はそういう機械の発明や、分業制度の発展や、

---

＊党同伐異　理非にかかわらず同じ派のものに味方し、違う派のものを排撃すること。（『後漢書』党錮伝）

＊頽蕩　くずれ衰えること。

＊燃犀なる眼識　物事を見抜く見識。

＊福と見れば～依る所　「禍は福の倚る所、福は禍の伏す所なり」（『老子』五十八章）

工業都市の発達によってほとんど生活を一新し、多大の利便を享受し得るようになったが、その裏面にいつの間にか不測《ふそく》の禍を醸成《じょうせい》したのである。

その始め、人間が機械を使って仕事の能率をあげていたものが、やがて機械が人間を使うようになった。換言すれば人間が機械化するようになった。

そして分業制度の精細複雑になるとともに、人間はある方面の仕事にのみ適する極めて偏《かたよ》った部分人（Teilmensch）*に化《か》せられていって、ますます機械化し商品化せざるを得なくなった。

かくて工業都市の発達は、新たな経済組織によって貧富の懸《け》*隔《かく》を甚だしくし、農村を侵蝕《しんしょく》して純朴なる人間生治を破壊すると同時に、都会における群集は、強烈な物質的刺戟《しげき》、機械的労《ろう》役《えき》、生活の圧迫などのために、自然に幽玄《ゆうげん》*な精神生活の余裕を奪われ、単なる物欲的生活の深みに沈んでいったのである。

かつてマックス・ノルドー*Max Nordau は診断学なる名の

---

＊Teilmensch
全体の中の一部分（部品のような）に過ぎない人間。

＊懸隔
かけ離れていること。較差。相互の差の程度。

＊幽玄
奥深く微妙で容易に計り知ることのできないこと。またあじわい深いこと。

＊マックス・ノルドー Max Nordou（一八四九〜一九二三）
ハンガリー生まれの思想家、ジャーナリスト、内科医。

もとに、皮肉にもかくの如き世紀末の人間の病的心理に対して、痛快なメスをふるって、いちいち爬羅剔抉《*はらてきけつ》したことがあるが、私は現代人の最も大いなる禍は、帰するところ人間の機械化による人格の破綻《*はたん》にあると思う。

本来、人格は知・情・意の渾然《こんぜん》たる統一である。人間の価値は知・情・意の円満な発達になければならぬ。

しかるに変則な文明は、一般に人格を一方面に偏局させてしまった。特に理智的偏倚《*へんき》は、多数の人々を単なる自然科学的法則に従う論理的機械たらしめている。

彼らは常に実在を機械的にのみ観察し、何ごとによらず皮相《*ひそう》な説明を試みて得々《とくとく》としている。けれども実在に対する機械的観方は、容易に生命の味識を失って、人間から法悦《*ほうえつ》を奪うものである。

機械的観方とは、いうまでもなく物をその構成要素に分解して、再びそれを自分で組み立ててみる方法である。ゆえにこの

＊爬羅剔抉
爪でかいてかき集め、くじり出すこと。他人の欠点をあばき出すこと。
＊破綻
やぶれほころびること。物事が成り立たないこと。
＊偏倚
一方に偏り頼ること。
＊皮相
うわべ。真相をきわめず、表面のみを見て下す浅薄な判断。
＊法悦
精神的な、この上ない喜び。霊魂の歓喜。

観方の可能なのは、分解総合の自由な機械的存在に限らねばならない。

これに反して、構成要素に分解し再構することのできない生命現象、*人格的存在においては、この方法は決して適当したものではない。

木は単なる根幹《こんかん》枝葉《しよう》の結合より以上の意味ある存在である。哲人は木を通じて大地の言葉を聴くこともできる。粛々《しゅくしゅく》たる無形の天行《てんこう》を察することもできる。一幅《いっぷく》の名筆に対すれば、それは点劃《てんかく》の結合羅列《られつ》ではなくて*奕々《えきえき》たる*風神《ふうしん》の存するものである。

しかるに現代のいわゆる*悟性《ごせい》的個人（Verständliches Einzelwesen）は、とかく木を根幹枝葉に分析観察して、木の生命を味わえない。書を点劃に分解して、全体の風神を逸《いっ》し去ってしまう。

彼らから観れば、家庭も親子兄弟の漫然たる、あるいは功利的集合である。国家も、主権者と領土と人民との結合より以上

---

**＊人格**
道徳的行為の主体としての個人。自律的意志を有し、自己決定的であるところの個人。

**＊奕々**
美しく盛んなさま。

**＊風神**
精神。風格。人柄。

**＊悟性的個人Verständliches Einzelwesen**
思考の能力ある個人。感情によって与えられる所与に基づいて概念を構成しうる、科学的思考の主体。

の何ものでもない。英雄も偉人も、要するに生物学の法則にしたがう自然的存在にすぎない。

かくて彼らは、*自然法のもとにつながれた動物である。生命の法悦、霊魂の歓喜はあずかり知るところではない。

現代の人々が言わず語らず寂寞に堪えかねているのは、すべてこういう考え方、生活態度に非常な原因があると思う。

浅薄《せんぱく》な論理的機械観とともに、近頃はまた人間が著しく感傷的になっている。そして生活の屑《くず》のような、ささやかな問題にむやみに神経を昂奮《こうふん》させて騒ぎまわったり、また夢のような美的観念に浮かされて、詩を論じたり*解脱《げだつ》を謳《うた》ったりする。

そして*尽大地《じんだいち》上《じょう》に両脚《りょうきゃく》を踏み鳴らして行こうとする意志の勇気、いわゆる*行《ぎょう》者《じゃ》の勇気を欠いて、滔々《とうとう》として*薄志弱行《はくしじゃっこう》の徒《と》輩《はい》である。

現代における*紛々《ふんぷん》たる流行思想は、要するに、かくの如き理性の堕落情意の頽廃による現象であると思う。

---

**＊自然法**
自然界の一切の事物を支配するとみられる理法。

**＊解脱**
束縛から離脱して自由になること。現世の苦悩から解放されて絶対自由の境地に達すること。

**＊尽大地**
果てしなく広い大地。

**＊行者**
仏道を修行する人。修行者。

**＊薄志弱行**
意志薄弱で、決断実行の気力に欠けること。

**＊紛々**
入りまじってみだれるさま。

たとえば今日、家族制度の解体とその否認の思想の如き、各人が醜悪な利己主義的化身となるとともに、おのずから家族相互の間にも美しい情義の連鎖《れんさ》はなくなり、それに対して皮相な機械的考え方、即ち家族とは要するに夫婦親子兄弟等の功利的集合といったような思想が広まって、ついに今日の悪化を招いたのである。

唯物的《ゆいぶってき》社会主義、無政府主義思想の蔓延も、畢竟かくの如き人間の道徳的頽廃と機械観との必然的結果といわねばならない。

かくて機械観がすべての方面において生活態度となる時、前述の如き実在の意味の消失、人生の法悦の銷尽《＊しょうじん》はおのずから人間を駆《か》って「懐疑」に陥《おとしい》れる。

およそ我々の生存そのものの意義、人格価値、真理の体認、かくの如きあらゆる人間にとって至貴至尊《しきしそん》なる問題が、もはや再びその心を熱くすることがなくなってしまう。

---

＊銷尽
消え尽きる。

彼はただ機械的に生きているというばかりである。即ち官能の衝動のままに、唯物的に動くのみである。より以上の何ものでもない。似非《えせ》平等思想もその一つの現われであろう。

現代人は、その論理的機械観によって人間を単に生物学的に観察する結果、英雄も哲人も、すべて低級な動物的存在に還元してしまった。

確かに現代人には「＊舜何人《しゅんなんびと》ぞや、我れ何人ぞや」の観念が横溢《おういつ》している。けれども古人の謂う意味と現代人の考えるところとは、まるで正反対である。

現代人は舜何人ぞや？　舜も亦た人ではないか。我々と同じ人間ではないか。彼もやはり＊娥皇《がおう》・女英《じょえい》という二人の女を持って、性欲も虚栄も野心もあった男だ。英雄崇拝とか哲人礼讃《らいさん》とかは、要するに封建時代の奴隷的服従思想の遺伝であると嘲《ちょう》笑《しょう》する。

しかし、かくて人間を平等視して自ら寛うすることは、あさ

---

**＊舜何人ぞや**
『孟子』滕文公上にある孔子の高弟・顔淵の言葉。「舜はいかなる人であり、私はいかなる人であるというのか（同じく一個の人間ではないか。大いにやろうとする意志があれば、自分も舜のようになれるのだ）」という意。

**＊娥皇・女英**
古代の伝説で、帝舜の妻となった帝堯の二人の娘の名。姉の娥皇も妹の女英もよく舜に仕え、舜の死後、共に湘江に身投げして死んだという。

ましい理知の戯《たわむ》れにすぎない。

　真のデモクラシーは、やはり一切の人に*良知《りょうち》を認め*仏性を認めて、一切の人を聖境に高めんとする思想でなければならぬ。

　デモクラシーを単に外面生活に限るならば格別、これを以て内面生活を抹殺《まっさつ》し去ろうとするのは、許すべからざる*人性《じんせい》の冒《ぼう》瀆《とく》である。人間の向上を遮蔽《しゃへい》するものである。

　しかしながら至深至奥《ししんしおう》な*本性の要求は、かくの如き時代思想に満足することはできないで、自己を高め救うべき何ものかを求めずにはいられない。

　けれども、もはや自ら労苦して*安立《あんりつ》の天地を開こうとするには、その情意が鈍磨《どんま》していうことを聞かない。そこに宗教文芸が歓迎され、他力救済《きゅうさい》の宗教が流行し、悩める人間の弱点に乗《じょう》ずる妖教が跋扈《ばっこ》するのである。

　我々は宗教文芸によって、*美的観照を経験することができる。一時、我欲《がよく》煩悩を麻痺《まひ》せしめて、法悦に似た恍惚を味わうこと

---

*良知
人が生まれながらに持っている知恵。天賦の知力。
*仏性
一切の衆生が持っているという、仏になりうる性質。
*人性
人の生まれつきの性質。
*本性
人間本来の性質。
*安立
安心立命。天命を悟り、心を安らかにし、生死利害などを超越すること。
*美的観照
美を直接的に認識すること。美意識の知的側面の作用を表示する概念。

ができる。

　けれどもかくの如きは、*盧生一炊《ろせいいっすい》の夢にすぎないではないか。ただしそれは現代人のはかない慰安である。

　かくて彼らは『悩める釈迦《しゃか》』や『受難の親鸞』や、あらゆるそんな「出家《しゅっけ》とその弟子」を貪《むさぼ》り読んで宗教を語る。

　他力救済の教えは、この場合まさに旱天《かんてん》の雨である。難行も要《い》らぬ。是非も邪正《じゃせい》も論ぜぬでよい。「弥陀《みだ》の一仏を信ぜよ。至心《ししん》に南無阿弥陀仏《なむあみだぶつ》と唱えよ。然《しか》らば*決定《けつじょう》して浄土に往生すべし」。「極重悪人《ごくじゅうあくにん》も唯だ仏と称すれば、彼も亦た*摂取不捨《せっしゅふしゃ》の中に在る」こと疑いなしと説くその教えは、すでに自らその理智《りち》に煩《わずら》い、情意は頽廃してもはや人生の大道を歩むに堪えぬ現代人を*随喜渇仰《ずいきかつぎょう》せしむるに充分である。

　迷え迷え。*煩悩即ち菩提《ぼだい》である。迷わねば人生はわからぬ。悪いこともやり次第。極重悪人もただ仏と称すれば、それで救われる。懺悔《ざんげ》告白すればそれで許される。否、それを書けば商

---

**＊盧生一炊の夢**
　李泌の『枕中記』に見える故事。人生の栄枯盛衰のはかないことのたとえ。

**＊決定往生**
　疑いなく極楽に往生すること。

**＊摂取不捨**
　阿弥陀仏の智慧・慈悲が念仏の衆生を摂取して捨てないこと。弥陀の慈悲。

**＊随喜渇仰**
　心からありがたく感じ、仰ぎ慕うこと。

**＊煩悩即ち菩提**
　煩悩（迷い）と菩提（悟り）の対立的考えを超越すること。大乗仏教で説く。

売にもなる。そういう没義道《＊もぎどう》な考えが、特に青年男女の頭を支配しているのである。

彼らはかくて、厚かましくも神を求めているのである。親鸞《しんらん》も「ありがたき仏の御《み》ちかいあればとて、思うまじきことを思い、なすまじきことどもをせんは、よくよくこの世の厭《いと》わしからず、身の悪しきを知らぬにてそうらえ」と歎息している。

後に述べんとする二天宮本武蔵は「神仏《しんぶつ》を敬して神仏を恃《たの》まず」と誓っている。現代人は神仏を汚《けが》し、神仏をあてにしている。それにつけこんで、神仏を舁《かつ》ぐ妖僧《ようそう》・怪行者《かいぎょうじゃ》が愚人を迷わすは、むしろ見やすい道理であろう。

そはいずれの世にあっても必ず看破《かんぱ》される現象であるが、現代もまたその例に洩《も》れない。

多少その呼吸を覚えると、ただちに救世主を衒《てら》い、大聖師とか大僧正《そうじょう》とかを僭称《せんしょう》して、古人が一紫衣《しえ》一尊号《そんごう》を贈らるるにも恐懼《きょうく》して、これを辞退した道情を察せず、みだりに沐猴《もっこう》の分《ぶん》

---

＊没義道
非道なこと。不人情なこと。

際《ざい》を以て身辺を荘厳にし、まず当代の名士を拉致《らち》し、もしくはその幇間《ほうかん》となって名利をほしいままにする。

さなくとも神託《しんたく》にこと寄せて、ひと仕事しようとする輩《やから》がうようよしている。

かくの如く妖人の跋扈するところ、あられもない他力宗教の流行するところ、*孱弱《せんじゃく》なる宗教文学のもてはやさるるところ、性欲文芸の横行するところ、浅薄《せんぱく》な機械論の主張さるるところ、醜怪なダンスの公行《こうこう》するところ、利欲の餓鬼《がき》の相せめぐところ、これに対して私は憮然《ぶぜん》たらざるを得ない。

日本民族精神の本領は、敢然《かんぜん》これらの妖気を一掃《いっそう》し去るにある。

私は、各人が尽大地上に歩々《ほほ》鉄脚《てっきゃく》を印して行く道徳的態度を以て、人生の本領と信ずる者である。自ら顧みて天賦《てんぷ》の明徳《めいとく》を明らかにし、至善《しぜん》に止《とど》まり、民《たみ》に親しむを以て真に大学《だいがく》の道とする者である。

---

*孱弱　弱い。よわよわしい。

士とは、即ちこの精神に生きる者の謂《いい》にほかならない。そして我が武士道こそ、実にその最も霊活《れいかつ》なる発動であった。

かくて私は、次に腐敗堕落を極めた公卿文明を滅ぼして、国家を新たに蘇生せしめた鎌倉武士の精神と、これに最も深刻な薫化《くんか》を与えた日本曹洞禅《そうとうぜん》の祖師《そし》・道元禅師を論じ、次に、徳川初期の武士にして、一剣より入って荘厳無比《そうごんむひ》の思想人格を練り上げた二天宮本武蔵の兵法論を談じ、最後に、徳川中世において豪邁雄偉《ごうまいゆうい》なる気象《きしょう》を以て儒学を基礎に溌溂《はつらつ》たる武士道哲学を皷吹《こすい》し、かの大石良雄《よしお》らを薫陶《くんとう》せし人として世間に喧伝《けんでん》せられている山鹿素行の人物学問を説いて、その間、自ら初めに明らかにしたような士道の根本原理を闡明《せんめい》して、いわゆる士学を発揚《はつよう》しようと思うのである。

# 第二講　鎌倉時代の精神的復活

## 鎌倉武士を支えた禅

先にも一言した如く、腐爛《ふらん》を極めた公卿文明の危期《きき》より国家を救うて、新たなる生命を躍進せしめたことは、即ち鎌倉時代の文明史的意義である。

なかんずく鎌倉武士の精神、その生活態度については我々の深き省察《しょうさつ》に値《あたい》するものがあると思う。彼らが真に国家の救済者であったことは、敬仰《けいぎょう》すべき勤王《きんのう》の国士《こくし》・北畠親房《*きたばたけちかふさ》も、その名著『神皇正統記《じんのうしょうとうき》』中に論断《ろんだん》している。

凡《およ》そ保元平治《ほうげんへいじ》より以来の乱《みだ》りがわしきに、頼朝《よりとも》と云う人も

---

＊北畠親房（一二九三～一三五四）

鎌倉末・南北朝時代の公卿、思想家、歴史家。後醍醐天皇の信任厚く、吉田定房・万里小路《までのこうじ》宣房と共に「後三房」と称された。後醍醐の建武新政後、諸国流寓中、常陸滞在中に著した『神皇正統記』は、形勢を観望する武士たちの説得に天皇家の絶対性を主張したもの。のち、後村上天皇に献ぜられて帝王学の書とされ、後世には歴史書として広く読まれた。

なく、泰時《やすとき》と云うものなかりましかば、日本国の人民いかがなりなまし。このいわれをよく知らぬ人は、故《ゆえ》もなく皇《こう》威《い》の衰え、武備《ぶび》の勝ちにけると思えるは誤りなり。

（後嵯峨《ごさが》天皇の条）

頼朝は更に一身の力にて平氏《へいし》の乱を平《たいら》げ、二十余年の御《おん》憤《いきどお》りをやすめ奉《たてまつ》りき。昔神武《じんむ》の御時《おんとき》に*宇麻志麻手命《うましまでのみこと》の中《ちゅう》州《しゅう》をしずめ、*皇極《こうぎょく》の御宇《ぎょう》に*大織冠蘇我《たいしょっかんそが》の一門を亡《ほろ》ぼして、皇家《こうか》を全《まった》くせしより後《のち》には類《たぐい》無き程《ほど》の勲功《くんこう》にや。

（後醍醐天皇）

私は京都の公卿に代わった鎌倉武士の勃興を顧みて、そぞろに現在我々の住《じゅう》する時代もまた、まさにかくの如く変遷してゆくのではあるまいかと、限りなき興趣《きょうしゅ》に駆られざるを得ない。

文明の爛熟は必ずその時人《じじん》をして官能的に頽廃せしめ、その時人より精神生活の権威を奪って、相互いに*戯謔《ぎぎゃく》し争闘《そうとう》せしめるものである。

---

*宇麻志麻手命
可美真手命《うましまでのみこと》のこと。物部氏らの伝説上の先祖。記紀によると、神武天皇の東征の際、神武軍にとって最も手強い敵だった長髄彦を殺し大和の平定に尽力し、天皇から神剣を授けられ、以後、武をもって仕えた。

*皇極の御宇
皇極天皇の御代。

*大織冠蘇我の一門を亡ぼす
中大兄皇子らによる大化改新により殺害された。

*戯謔
たわむれおどけること。

これを排して新時代の担当者となる者は、どうしても剛健素朴《ごうけんそぼく》な心身の所有者でなければならぬ。鎌倉武士はつまり、その絶好の代表であった。

そしてこの鎌倉武士の内面的要求にぴたりと契合《けいごう》して、彼らの気魄《きはく》、彼らの英霊《えいれい》に深刻なる感動を与えたものが、ほかならぬ禅であった。

後に説こうとする道元禅師こそは、実にその最も礼讃すべき偉大なる人格であったのである。

## 信仰の遊戯化

平安朝時代の精神界を支配した最も大いなる力は、いうまでもなく仏教であるが、社会の頽廃とともに、その仏教もほとんど純真な宗教的生命を残る方《かた》なく失っていた。

そもそも仏教がいかなる要求より生じたかも、もはや彼らの解せざるところであった。当時の情実《じょうじつ》を以て固められた階級政治のもとにあって、志を得ざる者が立身出世の路を開くことのできるのは、ほかならぬこの*桑門《そうもん》であった。
そこで、浮世の名聞《めいぶん》を願う輩が相率《あいひき》いて墨染《すみぞめ》の袖に隠れ、厚《こう》顔《がん》にもいわゆる「鎮護《ちんご》国家」を*標榜《ひょうぼう》して、ひとえに政権に近づき、恩賞の沙汰《さた》にのみ憧憬《あこが》れたのである。
されば道元禅師も門下の*衲僧《のうそう》に、

諸方ヲ見ルニ道心ノ僧ハマレニシテ名利ヲ求ムル僧ハ多シ。仏法ヲ慕ワズ、一心ニ朝廷ノ賞ヲコイネガフ。此類《コノタグヒ》ハ皆誰カ是《コ》レ仏祖《ブッソ》、誰カ是レ外道《ゲドウ》ト云フコトヲ識ラザルナリ

と厳誡《げんかい》している。親鸞上人《しょうにん》も何のための宗教なるやを明らかに知らしめるために、

---

*桑門
古い漢訳仏典に出る語で、普通「沙門《しゃもん》」と音写されている。出家して仏道を修める人。僧侶のこと。

*標榜
主義、主張などを公然と掲げてあらわすこと。

*衲僧
衲子《のうす》と同じ。僧侶の称。

*加持祈祷
仏の力を信者に加え保たせる祈祷が加持とも言われ、並称されるようになった語。

*治外法権
国の法律、特に裁判権の

親鸞は父母の為にとて念仏一遍だも申したること候《そうら》わず

とさえ説いている。

当時の仏教徒がかくの如くその真髄を誤った結果は、ここにいわゆる仏教とは殿堂《でんどう》を荘厳にし、法衣《ほうえ》を華麗にし、儀式を神秘にして、病気全快や現世利益《げんせりやく》、安産、葬送などのための*加持《かじ》祈禱《きとう》的儀式宗教にすぎなくなった。

そして彼らは、寺院という*治外法権のもとに罪悪をほしいままにし、寺領《じりょう》荘園《しょうえん》を管理し、寺勢を張るために、争って多数の*僧兵を擁《よう》し、これら破戒無慚《はかいむざん》の悪僧原《あくそうばら》は常に徒党《ととう》を組んで、しばしば国司郡司《こくしぐんじ》らを悩まし、ややもすれば*山法師《やまほうし》らは*山王七《さんのうしち》社《しゃ》の神輿《しんよ》を奉《ほう》じ、*奈良《なら》法師らは春日の神木《しんぼく》を擎《ささ》げて宮殿に迫り、朝廷に*嗷訴《ごうそ》するのであった。

白河《しらかわ》法皇でさえ、鴨川《かもがわ》の水と双六《すごろく》の賽《さい》とともにままならぬものの一つとして痛歎《つうたん》せられたのは有名な話である。彼らは常に

---

支配を受けない特権。

**＊僧兵**　寺院の私兵。仏法保護を名として武芸を練り戦闘に従事し、悪僧とも呼ばれた。

**＊山法師**　比叡山延暦寺の僧。特にその僧兵をいう。

**＊山王七社**　日吉神社の本宮及び摂社・末社も合わせた山王二十一社のうち上七社を指す。

**＊奈良法師**　奈良の東大寺・興福寺などの法師。

**＊嗷訴**　為政者に対し、徒党を組んで強硬に訴えること。

皇族や藤原氏の名族から座主《ざす》長者を迎えて推戴《*すいたい》しておった。それが彼らにとって大いなる勢力であったのである。

かくて加持祈禱、法師国の経営のほかに、当時の仏教はまた宗学《しゅうがく》の考証をこれ事とし、学僧はいたずらに煩瑣《はんさ》な経典の穿《*せん》鑿《さく》や理論の難解を得意として、信と知識とを全く顚倒《*てんとう》しておった。

これに対して民間の信仰も、現世利益を求めるか、宗教儀礼そのものを享楽《きょうらく》する堕落信心にすぎなかった。

三十三体の弥陀を作るとか、千体の観音《かんのん》を安置するとか、百万遍念仏を唱《とな》えるとか、小塔を八万四千基《き》、いや十万基、十八万基供養《くよう》するとかいうことが奇特の信心とされたり、写経に意《い》匠《しょう》を凝《こ》らして、石や銅版に一切経《いっさいきょう》を写したり、諸所《しょしょ》の霊水を汲《く》んで浄写した経を寺院に奉納することなどが流行した。

藤原道長《ふじわらのみちなが》の夫人倫子《みちこ》が行なった治安《じあん》元（一〇二一）年西北院における供養など、十二、三、四くらいの可愛らしい雛僧《すうそう》を集

---

＊推戴
おしいただくこと。

＊穿鑿
究明すること。どこまでも調べ立てること。うがちほることが原意。

＊顚倒
さかさになること。転倒に同じ。

め、これに濃紫《こむらさき》・薄紫や鈍色《にびいろ》の綾《あや》の衣などを着せて、頭に花を飾《かざ》し、顔美《うつく》しう化粧して、三日の間念仏させた。

そのあわれに尊い姿はまるで小さい地蔵菩薩《じぞうぼさつ》がこの世に現われたかと思わるるばかり、その妙《たえ》なる合唱はさながら迦陵頻伽《*がりょうびんが》の声を聴く感があった。

このことあってのち、しばしがほどは藤原氏一族の間にこの噂でもちきりであったということである（『栄華《えいが》物語』）。

また道長も越えて三年、法成寺《ほうじょうじ》に万灯会《まんどうえ》を開いた。無数の灯籠《とうろう》をさまざまの形にこしらえ、それにいろいろの意匠を凝らして飾るのである。この時、公卿たちはそれぞれ趣向を凝らして、我勝《われが》ちに道長に献《けん》じたそうである（同）。

平重盛《たいらのしげもり》が灯籠大臣といわれた話がある。重盛は一般に信仰の深かった人といわれているが、彼は東西南北各十二間の堂を建てて、四方に四十八の間を作り、各一方の十二の間に十二光仏一体ずつを安置し、都合《つごう》四十八体の十二光仏の前に常灯明を

＊迦陵頻伽
妙音鳥などと意訳。仏教で雪山または極楽にいるという想像上の鳥。妙なる鳴き声を持つとされることから、仏の音声ともされる。

点《つ》け、それに十六、七から二十歳までの美女を四十八人選んで、夜になると粧《よそおい》を凝らして今様《いまよう》を歌いながら、その四十八間を廻《まわ》らしたという（『源平盛衰記《げんぺいじょうすいき》』）。

美的享楽価値はとにかく、真に仏法を念《おも》う者からいえば、まことによしなきことをしたものである。

その間に「この世をばわが世とぞ思う」とまで栄えた藤原氏も火の消えるように衰えゆき、さしも驕りを極めた平家も、一《いっ》朝《ちょう》にして西海《さいかい》に没落するような浮世の転変があわただしく民衆の眼前に繰り返されて、「*祇園精舎《ぎおんしょうじゃ》の鐘の声、諸行無常の響《ひび》き有り、*沙羅双樹《しゃらそうじゅ》の花の色、盛者必衰《じょうしゃひっすい》の理《ことわり》をあらわす。奢れる者も久しからず、ただ春の夜《よ》の夢の如し。猛《たけ》き者も終《つい》には滅びぬ、偏《ひと》えに風の前の塵《ちり》に同じ」といったような、人力《じんりき》のいかんともすることのできない運命の、無常に対する詠歎《えいたん》的気分が一般人を深い憂愁《ゆうしゅう》に導いた。

かかる享楽の後の悲哀、頽廃の後の絶望の時代に現われたの

---

**＊祇園精舎**
須達《しゅだつ》長者が中インドのコーサラ国の祇園に釈尊および弟子のために建てた僧坊。釈尊の説法の多くがここでなされた。

**＊沙羅双樹**
釈尊が涅槃《ねはん》に入った臥床の四方に二本ずつあった沙羅樹。涅槃の際には、四方の二双樹の一本が樹色白変して枯れたという。

が即ち浄土門《じょうどもん》、念仏唱名《しょうみょう》に依る他力救済の宗教である。浄土門の救いは、鎌倉の初め法然《ほうねん》、親鸞の両上人によって大成された新宗教である。

## 他力本願――法然と親鸞

法然上人の諱《いみな》*は源空《げんくう》という。彼は十五の時から比叡山《ひえいざん》に登って修学行道にいそしんだが、いつまで経《た》っても単に文字を覚えることと、いろいろなその道の慣習儀礼に習熟するだけのことで、少しも安心を得ることができない。経巻《きょうかん》を繙き、仏前に坐りながら、明けても暮れても心は無明煩悩《むみょうぼんのう》*を増すばかりであった。

里を去って山に入ったその山が、そもそも里にも増してあさましい煩悩*の地であった。そこで源空は二十四の歳、解脱《げだつ》の願に駆られて思い切って山を下り、嵯峨の清凉寺《せいりょうじ》に参籠《さんろう》して只

＊諱
忌み名の意。死後にいう生前の実名。
＊無明
仏語で真理に暗いこと。一切の迷妄・煩悩の根源。
＊煩悩
衆生の心身をわずらわし悩ませる一切の妄念。

管祈念《きねん》を凝《こ》らし、また奈良・京都の間を往来してしきりに宗学《しゅうがく》をも＊渉猟《しょうりょう》した。

けれどもやはり彼にとって、南都北嶺《なんとほくれい》の学匠《がくしょう》どものひねくっている煩瑣《はんさ》な理論にはどうしてもあきたらず、またさまざまな手段を凝らして＊転迷開悟《てんめいかいご》を説く在来《ざいらい》の宗教では、とうてい煩悩深き自己を救うことのできないことを深く考えないわけにいかなかった。

その時ゆくりなく、彼は＊源信僧都《げんしんそうず》の『往生要集《おうじょうようしゅう》』を繙いて、始めて阿弥陀仏の浄土教に道《い》うべからざる有難さを覚え、遡って唐の＊善導大師《ぜんどうだいし》の教示にも触れて深く覚悟することができた。

＊浄土門は善導の以前、すでに＊道綽《どうしゃく》によって＊聖道門《しょうどうもん》と区別せられ、道綽は聖道を捨てて浄土に帰している。釈尊滅度《しゃくそんめつど》ののち、その教えは諸宗に分かれて発展したが、それはすべて聖道門に属すべきものであった。

釈尊は出離得脱《しゅくりとくだつ》した無上正覚者《むじょうしょうがくしゃ》、もろもろの衆生《しゅじょう》に人生の

---

**＊渉猟**
広くわたり歩いて探し求めること。転じて多くの書物などを読みあさること。

**＊転迷開悟**
迷いを転じて悟りを開くこと。

**＊源信僧都**
平安中期の天台宗の学僧。『往生要集』を著す。

**＊善導**
唐代の僧。中国浄土教、殊に道綽の流れを大成。

**＊浄土門**
阿弥陀仏の浄土に往生して仏果を得ようとする教え。

**＊道綽**
唐代の僧。中国浄土教の

真相を諦観し、衆苦《しゅうく》を解脱して法楽を得る道を教え給う善知識《ぜんちしき》である。無明の霧を払い、煩悩の塵を拭《ぬぐ》うて、一切の衆生を転迷開悟せしめんとする大慈大悲《だいじだいひ》の仏である。

我々はこの仏を信じ、仏の教えに智慧《ちえ》を開き、仏の道を行《ぎょう》ずることによって、三世諸仏《さんぜしょぶつ》の証果《しょうか》を得ることができる。

たとえば仏は我々の師であり先達《せんだつ》であって、我々は後進の弟子である。そして弟子の*機根《きこん》に応じて、それぞれに説き示されたものが即ち仏教の全体である。

されば、仏教は衆生をして迷妄《めいもう》を去って真実に就《つ》こうとする菩提心《ぼだいしん》を発せしめ、人々*悉有《しつう》の仏性を円満に発揮させることを以て目的とするが、その目的を果たすことは、畢竟衆生自身の努力精進に待たねばならぬ。

仏果《ぶっか》は仏教によって衆生自ら証得《しょうとく》すべきものであること、なお真理は師の教えによって生徒自ら理解するほかはないと同様である。教えがいかに懇到《こんとう》であろうとも、自ら学ぼうとしない

---

祖師の一人。

＊聖道門
自力によって現世で証果を得ようとする教え。特に天台宗・真言宗をいう。

＊機根
教えを聞いて修業しうる衆生の能力・素質。

＊悉有の仏性
すべての存在は生まれながらにして仏になる本性を具えているということ。

者に真理を悟らすことはできない。

自ら学ぶ力のない者（それが許さるべきか否かは別として）に智《ち》果《か》を与えることはできない。してみれば、仏道とは要するに人人自ら仏の教えの通りにこの世界にあって四乗《しじょう》の道を修し、四乗の果を得て、転迷開悟することである。

（註）イ、四乗とはいうまでもなく*声聞《しょうもん》、*縁覚《えんがく》、*菩薩、仏の四乗である。前二者はまた小乗《しょうじょう》といわれ、宗派でいえば、成実倶舎《じょうじつくしゃ》、律《りつ》の各宗がこれに属する。ともに*十二因縁《いんねん》*四《し》諦《たい》を観じて戒行《かいぎょう》を成就《じょうじゅ》するを旨《むね》とする。三界の無安はあたかも火宅《かたく》の如く、衆苦充満せる有様を深く観ずるのは四諦の中の苦諦《くたい》であるが、今一歩立ち入って、そは畢竟盲目的とも称すべき、即ち無明の欲動の凝集《ぎょうしゅう》せるがゆえにと観るは集諦《じったい》である。十二因縁とは、かの如き浮世の因果を明らかに示したものにほかならない。

＊声聞
元来の意味は仏弟子。後に自利のみを求める小乗の修業者として批判された。

＊縁覚
師なくて十二因縁の法を観じ、あるいは他の縁によって真理を悟った者。

＊菩薩
大乗仏教で自利・他利を求める修業者を指す。

＊十二因縁
現実の人生の苦悩の根元を追究し、それを断つことによって苦悩を滅するための十二の条件を系列化したもの。仏教の基本的考え方の一つ。無明《むみょう》（無知）、行（潜在的形成力）、識（識別作用）、

無名―行―識―名色―六入―触―受―愛―取―有―生―老死

「無明」は盲目的なる活動、換言すれば渇愛（Tanha）であって、その発動が「行」である。これが生々《しょうじょう》世々《せぜ》生死流転《るてん》の種子《しゅし》となる。かくて我々が母胎《ぼたい》に宿るとともに、それはまず「識」＝生得本具《しょうとくほんぐ》の統覚活動となって実在を造る。即ち「名色《みょうしき》」である。名色の出現とともに「六入《ろくにゅう》」＝我々の六つの感官が生じて、広き意味の経験、即ち「触《しょく》」を起こす。「受《じゅ》」はつまり触の限定されて個体に受け入れられたものの感覚を意味する。その結果、我々に愛＝感情が起こって、それが生存欲「取《しゅ》」にまで発展する。かくて人間に我《が》という執着の状態、即ち「有《う》」が生ずる。生老病死《しょうろうびょうし》などの衆苦は「有」の生む状態である。そしてこの生老病死などの衆苦が過古《かこ》の無明の種、即ち「業《ごう》」によって無限に輪廻《りんね》する。

---

名色（名称と形態）、六入（眼耳鼻舌身意の六感官）、触（接触）、受（感受作用）、愛（渇愛・妄執）、取（執着）、有《う》（生存）、生《しょう》（生まれること）、老死（老い死にゆくこと）の十二をいう。

**＊四諦**

諦とは真理。苦諦・集《じっ》諦《たい》・滅諦・道諦の総称。

如意の苦楽の世界は、とうてい衆生の安住すべき地ではない。人間の理想はかかる衆悪を滅ぼした世界＝涅槃《ねはん》になければならぬ。この涅槃を観ずるのが即ち四諦《したい》の中の滅諦《めったい》であって、この滅諦を成《じょう》ぜんために我々の精進せねばならぬものが道諦《どうたい》である。いわゆる戒《かい》・定《じょう》・慧《え》の三学、布施《ふせ》・持《じ》戒《かい》・忍辱《にんにく》・精進《しょうじん》・禅定《ぜんじょう》・智慧《ちえ》の六度、正語《しょうご》・正業《しょうごう》・正命《しょうみょう》・正精進《しょうしょうじん》・正念《しょうねん》・正定《しょうじょう》・正見《しょうけん》、正思惟《しょうしゆい》の八正道は、道諦の内容にほかならぬ。

ロ、小乗に対して菩薩・仏の二乗は大乗《だいじょう》という。簡単にいえば、大乗は小乗より自由端的《たんてき》なものであるが、そのうち菩薩乗は、仏乗に比してまだ廻《まわ》りくどい道である。法相宗《ほっそうしゅう》・三論宗《さんろんしゅう》などのように、むしろ哲学的段階にあるものがこれに属する。これに対して華厳《けごん》・天台《てんだい》・真言《しんごん》・禅《ぜん》各宗の如く、総じて即身成仏《そくしんじょうぶつ》、生死即涅槃《ねはん》を説くものが大乗教である。

しかしながら、かくの如く四乗の道を修し、四乗の果を得て転迷開悟することは、この末法《まっぽう》の世に生まれて、煩悩すこぶる熾《さか》んに、心意《しんい》甚だ堕落した下根《げこん》の衆生の果たして能くし得るところであるだろうか。

道綽はこの聖道門を末代の今時、とうてい証悟《しょうご》しがたしと決《けつ》定《じょう》した。自力を以て仏果を得んことは末代の今時、五濁《ごじょく》*の凡愚にとって不可能である。

我々五濁の凡愚は悟りを開くに非《あら》ずして、ただ他力によって救わるるほかはない。我が身を委《まか》せきることによって生きるほかはない。

この悲泣《ひきゅう》を憐《あわ》れんで、衆生の一人だも救われざる限り、断じて正覚の位《くらい》を取らじと誓われたのが、即ち阿弥陀仏の悲願である。

聖道門を棄てて、この弥陀の本願に生き、穢土《えど》を厭離《おんり》して浄

＊五濁
劫濁《ごうじょく》（時代の汚れ）、見濁（人々が誤った思想・見解を持つようになること）、煩悩濁（貪《とん》・瞋《じん》・癡《ち》などの煩悩が盛んに起こること）、衆生濁（心身が弱く、苦しみが多くなること）、寿命濁（寿命が次第に短くなること）の五つの厄災。五濁の起こる時代を五濁悪世といい、末法と重ねて考えられた。

土を*欣求《ごんぐ》した著しい人は、まず道綽であった。

ついで善導も、我々の正定《しょうじょう》の業はかの仏の本願に順《したが》って一心にもっぱら弥陀の名号《みょうごう》を念じて念々《ねんねん》舎《お》かざるほかはないと決定して、ここに浄土門易行道《いぎょうどう》を弘通《ぐつう》した。

法然上人はこの教えに触れて、初めて涙にむせぶ感激を味わうことができた。是非善悪をあげつらうことも要《い》らぬ。難行苦行も要らぬ。ただ至心に南無阿弥陀仏と唱うべし。しかる時は決定して浄土に往生すべし。

ここに彼は久遠《くおん》の安立《あんりゅう》を得て、洛東吉水《らくとうよしみず》の道場に南無阿弥陀仏の*法幢《ほうどう》を翻《ひるがえ》した。

注意すべきことは、それまでの浄土門では、まだ往生浄土が直下《じきげ》に成仏であるとは決定して説かれてなかった。それよりただ一刻もすみやかに穢土を厭離して、浄土に往生することが成仏の近道とするのが主眼であった。

法然上人の至心は、これをいっそう深刻に発展させて、往生

---

＊欣求
よろこんで求めること。

＊法幢
仏法の目じるしの旗。また仏法を幢《はた》に譬えたもの。

即成仏にまで進めたのである。

かくて南無阿弥陀仏の唱名は、あたかも好《よ》し当時、不安困憊《こんぱい》帰《き》するところを知らなかった民衆の心より心に限りなき感激を伝えて、四方より上人を慕うて子来《しらい》するものが数限りもなかった。

かかる時、日野家の公達《きんだち》で幼くして親を失い、九歳の春出家してから、叡山《えいざん》にあって修学勤行《しゅがくごんぎょう》怠りなかった親鸞は、年ごとに積もる疑惑煩悩いや深くして、「すなわち近くは根本中堂《こんぽんちゅうどう》の本尊に対し、遠くは枝末諸方《しまつしょほう》の霊窟《れいくつ》に詣《もう》でて、解脱の経路を祈り、真実の智識を求め、特に歩みを六角の精舎に運んで百日の懇念《こんねん》をいたして」おった。

建仁《けんにん》元（一二〇一）年正月、その六角堂頂法寺《ちょうほうじ》に祈念の結果、法縁空《むな》しからず、観音の霊夢覚《さ》めて法友・聖覚《せいかく》法師に会い、彼は初めて東山吉水の道場に法然上人の在《いま》すことを聴いたのであった。

彼はあたかも仏に引接《いんじょう》せられる思いで、満腔《まんこう》の悲願《ひがん》をこめてただちに上人の前に額《ぬか》ずいた。古稀《こき》に近い上人は、自身の前に平伏《へいふく》するまだ而立《じりつ》に足らぬ若い敬虔《けいけん》なる親鸞の姿に、さながら自己未了《じこみりょう》の昔を想見《そうけん》したであろう。上人は絶えず念仏しておられた。

親鸞にとって最も堪え難かった苦痛は、出家してから二十年、朝夕の修学勤行にもかかわらず、自ら転迷開悟することもできないような凡愚の自分が、果たして仏法の器《うつわ》であるだろうか――否、そもそも自分のような罪障《ざいしょう》の深い者でも救われるであろうかということであった。

これに対して法然は、おもむろに答えた。「凡夫の救われる道はただ念仏ばかりである。二百一十億《いちじゅうおく》の諸仏土を探しても、お前や私の助かる道はただこの念仏ばかりである」と。

念仏申すだけで果たして救われるのであろうか。

念仏申せばこそ救われる。それは他力本願であるから。

＊引接　仏が衆生を導き、摂《おさ》め取ること。

念仏が何ゆえに他力本願？

念仏は至心に阿弥陀仏をたのみまいらするのである。ありがたい仏の御誓《みちか》いに随順することである。ひとえに御仏《みほとけ》に随順したてまつる時、お約束によって必ず救われる。

罪業《ざいごう》の深い者でも？

罪業深しと覚《さと》れば、すでに仏の大慈大悲の御手《みて》に縋《すが》ったのである。救おうと仰《おお》せられる仏願のおはからいに任せよ。救われるに相違ない。

一言一句すべて皆、親鸞の骨髄《こつずい》に滲《し》みわたる慈悲の甘露《かんろ》であった。親鸞はかくの如くにして安養《あんにょう》の浄土に入ることができた。


親鸞におきてはただ念仏して弥陀に助けられまいらすべしと、よきひとの仰せを蒙《こうむ》りて信ずる外《ほか》に別の仔細《*しさい》無きなり。念仏はまことに浄土にむまるる種にてやはんべらん。また地獄に

---

＊仔細
詳細。事のくわしい事情。

落つべき業にてやはんべらん。総じてもて存知せざるなり。たとえ法然上人にすかされまいらせて念仏して地獄におちたりとも、更に後悔すべからず候《そうろう》。その故は自余《じよ》の業をはげみても仏になるべかりける身が、念仏を申して地獄におちて候わばこそすかされたてまつりてと云う後悔も候わめ、いずれの行もおよびがたき身なれば、地獄は一定《いちじょう》すみかぞかし――。『歎異抄《たんいしょう》』

これ親鸞の決定した覚悟であった。

「あさみどり澄みわたりたる大空の広きをおのが心ともがな」という明治天皇の御製《ぎょせい》があるが、ここに至って親鸞聖人の胸宇《きょうう》もまた、広くさわやかなものではないか。

## 浄土門の根柢とは

浄土門、他力救済の宗教は、かくて法然、親鸞によって大成された。すでに明らかなる如く、この宗のよって立つところは自己の凡愚罪業を徹底して自覚することにある。親鸞が自ら愚《ぐ》禿《とく》と称したことは誰知らぬ者もない。聖人は、

「かなしいかな愚禿鸞《らん》。愛欲の広海に沈没し、名利の大山に迷惑して、定聚《じょうじゅ》のかずに入ることをよろこばず。真実の証にちかづくことを楽しまず、恥づべし、傷むべし。『一念多念証文』

何という惻々《そくそく》たる告白であろう。

聖人はまた凡夫を説いて、

凡夫というは、无明《むみょう》煩悩、われらがみにみちみちて、欲もおおく、いかり、はらたち、そねみ、ねたむ心おおく、ひまなくして、臨終《りんじゅう》の一念にいたるまでとどまらず、きえず、たえず、水火二河のたとえにあらわれたり。かかる浅

ましきわれら、願力の白道《びゃくどう》を一分二分ようようずつあゆみゆけば、无碍光仏《むげこうぶつ》のひかりの御こころにおさめとりたまうがゆえに、かならず安養浄土へいたれば、弥陀如来とおなじくかの正覚《しょうかく》のはなに化生《けしょう》して、大般《だいはつ》涅槃のさとりをひらかしむるをむねとせしむべしとなり。『一念多念証文』

と教えている。

この他力救済の教えは、まことに一代の病弊《びょうへい》に的中した霊薬であったが、私を以て観れば、他力易行道《いぎょうどう》決して世間の思うように易行ではない。そはむしろ自力聖道門より難行の法門ということもできる。

驕慢《きょうまん》の念深き煩悩の人間が、あれほど深く自己の罪業を徹見《てっけん》するということは至難の業《わざ》である。

もしこれを浅薄に弄《もてあそ》ぶならば、「ありがたき仏の御誓い」をあてにして、自己の煩悩堕落を容認する、日蓮《にちれん》のいわゆる無間《むけん》堕《だ》地獄の徒《と》となるは必定《ひつじょう》である。

すでに親鸞の当時でさえ、

煩悩具足《ぐそく》の身なればとて、心にまかせて、身にもすまじきことをも許し、口にもいうまじきことをも許し、意にも思うまじきことをも許して、いかにも心のままにてあるべしと申しあうて候《そうら》うらんこそ、かえすがえす不便《ふびん》に候え。酔もさめぬ先になお酒を勧め、毒も消えやらぬにいよいよ毒を勧めんごとし。「薬あり毒を好《この》め」と候うらんことはあるべくも候わずとこそ覚え候。『末灯抄《まっとうしょう》』

と聖人自ら歎息しておられる。現代の念仏行者、滔々としてまたしかりである。

さなくとも、とかくこの他力救済を信ぜんとする者はその本来よりいうも、人生の苦闘に堪えやらぬ弱々しい型の人が多い。

それは死生の巷《ちまた》に出入りして、一剣天下を横行《おうこう》し、*然諾《ぜんだく》を重んじ、義理を尊び、節《せつ》に臨んで死を怖《おそ》れぬ武士にとって、一般的にはむしろ契合《けいごう》せぬ宗乗《しゅうじょう》といわねばならぬ。

事実、浄土門は一般庶民の間にあれほど弘通《ぐつう》したるにも拘らず、武士の間には顕《あき》らかな勢力を持ち得なかった。

鎌倉武士にはまた、おのずから鎌倉武士の宗教がなければならぬ。それも廻りくどい二乗菩薩の宗乗でもなく、教理の幽玄《ゆうげん》な華厳《けごん》・天台でもなく、観法儀礼の神秘的な真言でもなく、前仏後仏心を以て心に伝うる不立文字《ふりゅうもんじ》の端的なる禅、それこそ彼等の要求にぴたりと契《かな》った宗乗であった。

私は次に聖道門中最も活溌々円陀々たるこの禅を説こうと思う。

---

*然諾　よしとして引き受けること。承諾。

# 第三講　禅の武士的精神

## 禅の心要（一）

禅宗はすでに一言した如く、聖道門中大乗の最も幽玄な宗乗の一つである。前仏後仏《ぜんぶつごぶつ》、心を以て心に伝うるを旨《むね》とするところから、特にこれを仏心宗《ぶっしんしゅう》といわれている。

釈尊が霊鷲山《りょうじゅせん》で説法の時、仏法の至極は説くべからず、ただ大梵天《だいぼんてん》王の捧げた一茎《いっけい》の金波羅華《こんぱらげ》を拈《ねん》じて黙然《もくぜん》大衆に臨《のぞ》まれた時、その深意を解しかねて茫然《ぼうぜん》としていた大衆のうち、独り摩《ま》訶迦葉《かかしょう》が破顔微笑《はがんびしょう》した。

これを観て、釈尊は彼に＊仏心印《ぶっしんいん》を付せられたというのが有名な＊拈華微笑《ねんげみしょう》の話である。禅僧はこれを禅宗の心源として拈提《ねんてい》している。

元来この禅という言葉は、梵語《ぼんご》の「Dhyāna」を音訳した「禅那《せんな》」の略語であって、静慮《せいりょ》、瞑思《めいし》の意味である。

もちろん単に概念的に静思する意味ではなくて、人生の真相を徹見し、煩悩を解脱して涅槃に住せんとする行を意味する。

支那《シナ》において初めて禅宗を伝来した者は、俗にかの有名な菩提達磨《だるま》であるようにいわれているが、いわゆる禅宗ちょう宗教的形式はもっと以後にできたので、禅の心要《しんよう》はまた彼よりも前に、すでに支那に伝えられておった。

一例を挙ぐれば覚賢《かくけん》（仏陀跋陀羅《ぶっだばとら》Buddhabhadra）がそうである。

彼は五世紀の初め、支那僧の請《こ》いに応じて北印度《インド》から渡来した傑僧《けっそう》で、当時江北《こうほく》はいわゆる五胡《ごこ》十六国の時代であった。

彼は山東から長安《ちょうあん》に上《のぼ》ったが、この時、長安には有名な羅《ら》

---

＊仏心印
仏の悟りを印にたとえた語で、仏祖から伝えられた永遠不変の悟りの核心をいう。禅宗では、それを不立文字、以心伝心のうちに受け伝えたとする。

＊拈華微笑
禅宗で、以心伝心《いしんでんしん》、教外《きょうげ》別伝《べつでん》の法系を主張するに用いる語。霊鷲山で説法した釈尊が、華を拈《つま》んで大衆に示した時、摩訶迦葉だけがその意を悟って微笑し、それによって、正しい法は迦葉に伝えられたという。

＊慧遠（三三四〜四一六）

什三蔵《じゅうさんぞう》が秦主姚興《ようこう》の手厚い保護のもとに、食前方丈《しょくぜんほうじょう》と数多《あまた》の佳人《かじん》とを擁《よう》して豪奢な生活をしておった。

羅什の教学上の功績は実に偉大なものに相違《そうい》ないが、その人格・行為の上から見れば、むしろすこぶる心得ぬ点が多い。

長安において羅什と会った覚賢は、やがてその俗臭紛々たる行為にあきたらず、袂《たもと》を払《はら》って江南の廬山《ろざん》に立ち去った。そこには羅什輩《はい》の俗器ではなくて、真に仏法の大器である慧遠《*えおん》法師らが白蓮社《びゃくれんしゃ》を結んで、その名もふさわしい清節《せいせつ》を発揮していた。

慧遠は陶淵明《とうえんめい》、陸修静《りくしゅうせい》とともに有名な虎渓三笑《*こけいさんしょう》の伝説に現われる哲人である。

彼は当時の俗権と苟合《こうごう》妥協せる長安仏教に対して、超然たる別天地を樹立《じゅりつ》し、

袈裟《けさ》は朝宗《ちょうそう》の服に非《あら》ず。鉢盂《はつう》は廟廊《びょうろう》の器に非ず。沙門《しゃもん》は塵外《じんがい》の人なり。応《まさ》に敬を王者に致すべからず。

---

東晋の僧。念仏の結社・白蓮社と結び、四一〇年に鳩摩羅什《くまらじゅう》教団から追われた仏陀跋陀羅《ぶっだばだら》つまり覚賢を迎え入れた。廬山の慧遠教団は江南の仏教の中心として戒律を守り、中国仏教のあるべき道を提示したといえる。

*虎渓三笑

隠逸・修道の居を廬山の東林寺に定めた慧遠が客人の道士陸修静《りくしゅうせい》と詩人陶淵明の二人を送るとき、道談議に熱中するあまり俗界禁足の誓いを破って東林寺の下の虎渓を過ぎ、虎の鳴き声で気づいて三人とも大笑したという故事。

という信念のもとに、道友相集《つど》って切磋琢磨《せっさたくま》し、規約を厳かにして、いやしくも徳人に非ざる者は、いかなる才学顕栄《けんえい》といえどもあえて許さず。白蓮社列賢《れっけん》の道風は、心ある人士をして真に傾倒措《お》かざらしめていた。

当時才学江左《こうさ》に冠《かん》たりといわれていた謝霊運《しゃれいうん》すら、辞を低うしてしきりに社員の列に加わりたいと懇願したにかかわらず、ついに慧遠の許すところと為らなかった。

覚賢はここに迎えられて、その優游《ゆうゆう》の地を得、法友とともに『六十華厳《けごん》』*の大翻訳に従事したのであった。

菩提達磨の渡来はそれより少なくとも五十年、あるいは小百年ののち、一般には南朝の梁《りょう》の武帝《ぶてい》の普通元年、六世紀の初めとせられている。

江の南北を通じて仏教が恐るべき勢力を有していた当時、達磨の渡来はたちまちにして朝廷の耳に入り、彼はついに金陵《きんりょう》に

---

＊六十華厳

華厳経の漢訳本には、六十巻本（これが六十華厳）と八十巻本（八十華厳）がある。

＊菩提達磨（？〜五三〇？）

禅宗の初祖・達摩のこと。北魏の末に西域を経て華北に来た多くの三蔵法師のうちの一人だが、禅宗の発展に伴って詳しい伝記と語録が書かれた。嵩山《すうざん》少林寺で独り面壁して、後に二祖となる慧可《えか》を指導し、正法眼蔵を伝えてインドに帰ったという。

おいて梁の武帝に親しく引見《いんけん》せられるようになった。

梁の武帝は史上に有名な仏教信者で、自ら「三宝《さんぼう》の奴《やっこ》」と称し、ひたすら「外護《げご》」につとめた天子《てんし》である。

しかし、仏法の外護即ち信仰を現すものとはいえ、当時信仰は要するに供養信仰、利益信仰にすぎなかった。さまざまの供養をする代償として、現世利益を受けようと念《おも》うのがその心情である。

南北朝時代は支那文明の爛熟期たる唐代の前駆《ぜんく》であって、社会の騒擾《そうじょう》、思想の混乱などのために、著しく一般に不安困憊の気分が漂っている。

そこに法楽を求むる供養信仰の流行し、これに乗じて非道の跋扈《ばっこ》することは古今東西その揆《き》を一にするものなること、今さらここに贅言《ぜいげん》するまでもない。

達磨が武帝に謁見《えっけん》すると、武帝はさっそく尋ねた。

「朕《ちん》即位以来、造寺・写経・度僧《どそう》いちいち記録することもできぬほどである。かほどまでに仏法のために尽力しておるのであるが、どんな功徳《くどく》があるだろうか」

達磨は答えた。「どれもこれも無功徳です」

帝「そりゃまたなぜ功徳がないか」

磨「これらはただ*人天《にんてん》の小果《しょうか》、*有漏《うろ》の因《いん》、影の形に随《したが》う如く、有《う》といえども実《じつ》ではありませぬ」

帝「それでは真の功徳とはどんなものであるか」

磨「*浄智妙円《じょうちみょうえん》、体自空寂《たいじくうじゃく》、如是《にょぜ》の功徳は世俗の観念で求められるものではありませぬ」

武帝は達磨大師の厳峻《げんしゅん》なる喝破《かっぱ》に会って、狼狽《ろうばい》せざるを得なかった。

帝「それでは聖諦《しょうたい》第一義はどんなものか」

磨「*廓然無聖《かくねんむしょう》」

武帝は再び驚いた。「無聖ならば、いったい朕に対しておる者は誰か」

---

＊人天の小果
人間界と天上界とのささやかなさとり。

＊有漏の因
煩悩の原因となる業。

＊浄智妙円、体自空寂
煩悩を超越した清浄で円満な智慧。森羅万象は本来空で常住しない。

＊廓然無聖
廓然はからりとして際限のないこと、無聖は仏法の真理からみれば凡とか聖とかの区分はない意。禅問答や公案の代表的な言葉となる。

磨「識《し》りませぬ」

三宝の奴と称し、王者の身を以てこれほど仏法の外護に任じている自分こそは、まさに聖諦第一義を悟れるもの、無量の功徳あるものと思い込んでいた矢先、かくの如き人天の小果、有漏の因に傲《おご》れる骨を無慈悲の鉄槌《てっつい》を以て微塵に撃砕《げきさい》してくれた達磨の心は、しかしながらついに武帝には領会《りょうかい》することができなかった。

達磨も武帝ではまだ契合せず、かつかかる利益信仰の徒のもとに、ことには帝者の俗権に苟合して在ることを快《こころよ》しとしなかったのであろう。彼はそのまま飄然《ひょうぜん》として江北に去り、嵩山《すうざん》の少林寺に籠ってしまった。

『碧巌録《へきがんろく》』*などによれば、その頃宝誌和尚《ほうしおしょう》という日本の一休《いっきゅう》禅師のような洒脱《しゃだつ》な高徳がおった。『高僧伝』の語るところでは、住居も一定せず、飲食も時なく、髪を長く伸ばして、いつも洗足で街を歩いておった、よほど風変わりの和尚であったらしい。

---

＊**碧巌録**　雪竇（九八〇〜一〇五二）がまとめた頌古《じゅこ》百則に、圜悟（一〇六三〜一一三五）が各則ごとに垂示、評唱し、雪竇の頌に著語《じゃくご》（自己の見解）を加えた公案集。十巻。この書によって『従容録《しょうようろく》』『無門関』が作られる。宗門第一の書といわれ近世日本禅に計り知れない影響をもつ。

ある時武帝はこの和尚に会って、達磨という名僧が来たが、一向朕とは話が合わなかったと話した。

するとと宝誌は生真面目《きまじめ》になって言った。「陛下、あなたはいったい達磨がどういう人で、何のために来たかご存じですか。」

帝「いや、識らない」

宝「それは残念、あの人はね、観音大士《かんのんだいし》です。観音大士が仏心印を伝えに来たのです」

「それは大変、そういう有難い人とは知らずに逃がしてしまった」と帝は大いに後悔した。

そしてすぐさま使いを遣《つか》わして迎え取ろうとしたが、その時、宝誌は冷然として答えた。「陛下、そんなことをおっしゃっても駄目です。おそらく全国の人が迎えに行っても、それで回るような彼ではありませぬ」

この一則《いっそく》の話は古来、禅門有名なものであるが、その始終を貫いて、いかにも禅家の真骨頂《しんこっちょう》の躍如《やくじょ》たるものがある。

鳩摩羅什《くまらじゅう》輩《はい》であるならば、仏教宣揚《せんよう》を名として武帝の心を収攬《しゅうらん》し、世に時《とき》めくことも易々《いい》たるものであったであろう。けれども仏心印を伝うる達磨はすげなくも武帝を*喝破して、武帝の*驕気《きょうき》と多欲《たよく》と態色《たいしょく》と淫志《いんし》とに*痛砭《つうへん》した。

しかもその治療が喜ばれないことを見てとると、彼は飄然として去っている。それをまた飄逸《ひょういつ》な宝誌が、観音大士・仏心印を伝うと称揚し、武帝がこれを迎え戻そうとした時、断乎《だんこ》として、いや、彼は全国の人が出かけて行ってももはや返るまいと天子を止めるところ、浮世の何ものにもとらえられず、悠々として表に信ずる所ある風格は、我々をして欣羨《きんせん》に堪えざらしめる。

達磨の真髄を得たものは*慧可《えか》といわれている。彼は神光《じんこう》と称して、達磨に参《さん》する以前すでに道仏に造詣《ぞうけい》深き天才であった。

彼が達磨の道風《どうふう》を慕って法を求めた時、達磨は拒《こば》んで室に入れなかった。神光もまた窓前《そうぜん》に立って、あえて去らなかった。

---

**＊喝破**
邪説を排して真理を説き明かすこと。

**＊驕気と多欲と態色と淫志**
己を驕《おご》る気持ち、欲の多いこと、これ見よがしの虚飾、意地を張ること。老子が若い孔子に「子の驕気と多欲と態色と淫志を去れ。是れ皆、子の身に益なし」と教えたと『史記』の老荘申韓列伝に見える。

**＊痛砭**
きびしく戒めること。

**＊慧可**（四八七〜五九三）
中国禅宗の第二祖。ある大雪の夜、雪中に立ち左臂《ひじ》を切断し求道の切なる思いを示した（慧可断臂）。

その夜大いに雪降って、暁《あかつき》には積雪《せきせつ》神光の腰を埋《うず》むるばかりであった。

これを見て達磨は訊《たず》ねた。「お前は長らく雪中に立って、いったい何を求めるのか」

神光は熱心に、どうか和尚のお慈悲を以てご垂教《すいきょう》にあずかりたいと懇願した。

達磨は厳かに誡《いまし》めた。「諸仏無上の妙道《みょうどう》は無窮《むきゅう》に努力精進して、行ない難きを行ない、忍び難きを忍ばねばならぬ。小徳・小智・軽心・慢心を以て真乗《しんじょう》を冀《ねが》うのは徒労《とろう》の話であるが、お前にその覚悟があるか」

神光はこれを聴いて、涙を流して求道《ぐどう》を誓い、ついに自らひじを断ってその覚悟を示し、初めて達磨の許しを得て入室参禅《さんぜん》することができた。

これ有名な禅家の二祖・慧可断臂《だんぴ》の説である。

我々はここに、禅の精神が自ら無限の困難を冒して転迷開悟すること、その道を進むにあたっては、自己のあらゆる不純な精神を*掃蕩《そうとう》して、真に*不惜身命《ふしゃくしんみょう》の覚悟より発すべきこと、いわゆる*懸崖《けんがい》に撒手《さんしゅ》して絶後に蘇《よみがえ》る覚悟を要するものなることを味識することができる。

これ禅と武士的精神の深き契合ある所以であろう。

武士が白刃《はくじん》の下を潜《くぐ》り、矢石《しせき》の前に身を暴《さら》して、君のために、武のために、死して厭《いと》わざる覚悟は如何《いかん》。意気相許《あいゆる》し、然諾相重んじて、去留《きょりゅう》を利禄《りろく》に繫がざる襟懐《きんかい》は如何。まさしく剣禅《けんぜん》一味である。

家康の臣下で百戦の場数《ばかず》を踏んで来た豪《ごう》の者*鈴木正三《しょうさん》、のちに僧となって正三老人と号し、禅を楽しんで多くの弟子をも薫陶した人であるが、彼は常に弟子に向かって、

洒落《しゃれ》仏法、抜殻《ぬけがら》坐禅は何の用にかならん。眼を据《す》え、歯を嚙みしめ、果たし眼《まなこ》になって、群《むら》がる敵中に躍《おど》りこみ、敵

---

**＊掃蕩**
すっかり払い除くこと。

**＊不惜身命**
仏法のためには命を惜しまず捧げること。

**＊懸崖に撒手する**
断崖で両手をひろげることから、勇猛心を奮って事を為すことを意味する。

**＊鈴木正三**（一五七九〜一六五五）
江戸時代初期の曹洞宗禅僧。仮名草子を以て布教した。徳川家の家臣として家康、秀忠に仕え、関ヶ原の戦いや大坂の陣で功を立てたが出家した。

の槍尖《やりさき》に突き立ったる覚悟にて修行すべし。

と、禅の必要を説き聴かせた。

## 禅の心要（二）

達磨の法系はその後、慧可より僧璨《そうさん》。道信《どうしん》、弘忍《ぐにん》と続いて、次第に宗風を挙揚《きょよう》してきた。

この五祖弘忍が湖北省《こほくしょう》黄州府の黄梅県《こうばいけん》に多くの雲水《うんすい》を陶冶していた時（唐の高宗《こうそう》の頃）、一人の若い田舎者が飄然として禅師を訪ねてきた。

彼は広東の田舎の土民の子であったが、貧苦艱難《ひんくかんなん》の裡《うち》に育って、市に出て柴を売ったりしてようやく糊口《*ここう》を凌《しの》いでいたが、天稟《てんぴん》超俗の思いに豊かであった彼は、遂に弘忍の徳風を慕って来《きた》り投じたのであった。

---

＊糊口を凌ぐ　かろうじて生計を立てる。

そして彼は僧堂にあって、米搗《つ》き薪割《まきわ》りの労役《ろうえき》に甘んじながら、懸命に修道を励んでいた。

ある日弘忍禅師は突如《とつじょ》門下の大衆を集めて、各自の見性《*けんしょう》を叩《はた》いて法嗣《ほうし》を定めると言い出した。

これに応じて、まず自己の悟境《ごきょう》を発表したのが神秀上座《じんしゅうじょうざ》である。

身是《こ》れ菩提樹《ぼだいじゅ》　心・明鏡《めいきょう》台の如し
時々に勤めて払拭《ふっしょく》せよ　塵埃《じんあい》を惹《ひ》かしむる勿《なか》れ
（塵埃を有らしむるなかれ）

然るに之に対して先の風来坊《ふうらいぼう》（盧行者《ろあんじゃ》）は

菩提本《も》と無（非）樹　明鏡亦《ま》た台に非《あら》ず
本来無一物《むいちぶつ》　何の処《ところ》にか塵埃を惹かん

---

*見性
人間に本来備わる根源的な本性を徹見すること。

（何を用《もっ》てか塵埃を払わん）

の一偈《いちげ》を以て報《むく》いた。神秀上座は善悪の葛藤《かっとう》を照見《しょうけん》して、不《ふ》断《だん》の除悪に人生の真諦《しんたい》を認めている。かつその偈がまだ心の直接の表現ではなくて、擬物《ぎぶつ》に拘泥《こうでい》している点が著しい。

人生の真相を善悪の葛藤に観《み》て、悪を排して善を発揮してゆこうとするのはいかにも結構なことである。結構は結構であるが（美則美矣《びそくびい》）、まだ了悟《りょうご》したとはいえない。

彼はまだその善悪なるものを解決していない。真性を徹見していない。果たせるかな、弘忍は「是《こ》れ只《た》だ門外に到れるに過ぎぬ」とて取り上げなかった。

これに比べると、確かにのちの若き盧行者の偈《げ》は一歩を進めている。

彼は、善悪も畢竟《ひっきょう》現相にすぎない。本来、性の活動であることを了得《りょうとく》し、外物《がいぶつ》の存在に拘泥する域を遥《はる》かに離れた表現に達している。言わば神秀は未だ二乗の域を脱せず、盧行者は大乗の域に突き進んだものである。

弘忍は深くこの青年行者の悟境に許した。そして次の日、そっと彼を探ねると、彼は米搗き部屋で石に腰かけて米を搗いていた。

弘忍はその解行の円満に大いに感服して、ついにこの無名の青年行者を一躍《いちやく》、六祖に抜擢した。これ慧能《えのう》*禅師である。伝うるところによれば、神秀上座は身の丈《たけ》高く眉目清秀《びもくせいしゅう》にして、威風《いふう》堂々、政治家的風格を備えておったという。頭脳も傑《すぐ》れておったのであろうが、要するに俗器であったのではなかろうか。その後、慧能は広東の曹溪《そうけい》地方に道誉《どうよ》を馳《は》せたが、神秀は江北に去り、則天武后《そくてんぶこう》の寵《ちょう》を得て宮廷に勢力を得た。これいわゆる北禅・南禅の分れである。

しかしながら、もとより真の禅風はついに宮廷の幇間《ほうかん》*的沙門《しゃもん》よりは起こらずして、曹溪より発展した。

---

**＊慧能**（六三八〜七一三）　禅宗第六祖。本来無一物《ほんらいむいちもつ》の偈《げ》を呈して五祖弘忍《ぐにん》（六〇一〜六七四）より法を受け継いだ。禅宗中興の祖とされ、中国禅はこの人から始まるとされる。神秀を六祖とする北宗禅に対して南宗禅の祖とされている。

**＊幇間的**　場をとりもって機嫌をとるような、たいこもち（太鼓持ち）のような。

慧能の下に南嶽《なんがく》と青原《せいげん》の二大龍象《＊りゅうぞう》あり。南嶽の下に馬祖《ばそ》を出し、馬祖門下に百丈《ひゃくじょう》、天王《てんのう》出《い》で、百丈の後に偽仰《いぎょう》、臨済《りんざい》の二派、天王の後に龍潭《りゅうたん》、徳山、雪峰《せっぽう》を経《へ》て雲門《うんもん》・法眼《ほうげん》二派を生じた。

青原の後には『参同契《さんどうかい》』を以て有名な石頭《せきとう》あり。薬山雲巌《やくざんうんげん》を経て洞山《どうざん》、曹山《そうざん》に至り、曹洞宗を開いた。

この偽仰・臨済・雲門・法眼・曹洞を禅宗五家《ごけ》と称する。ただ達磨以来、禅門の諸高徳《しょこうとく》はすべて未だ禅宗とも称すべき宗教的形式を備えた生活をしておられなかった。

かの人々に重んずるところは一に前仏後仏以心伝心にある。換言すれば「唯以道相授受」するにある。

そして道を体得した人々は、あるいは巌穴《いわあな》に住し、あるいは律寺に寄食《きしょく》して、いわゆる人の所住に住せず、人の所愛を愛せずして、もっぱら縁に随う行者を接得《せっとく》していたのである。

そのうちに禅風次第に挙揚《きょよう》され、求道の僧雲集《うんしゅう》するに及んで、

---

＊龍象　高僧を威力ある龍や象に譬えていう。

ここにようやく雲水を董督《とうとく》して禅門独自の精神を発揮すべき一定の生活形式（道場）が要求され、ついに達磨以後二百年、百丈懐海《ひゃくじょうえかい》禅師などの手によって次第に形式制度も完備し、坐禅弁道《べんどう》にいそしむ禅宗なるものが発展していったのである。

## 坐禅と公案

達磨が禅宗の祖といわれるのは、つまり従来経典《きょうてん》の翻訳や、偶像礼拝や、現世利益を希《こいねが》う祈禱《きとう》宗教や、もしくは無意味な難行苦行で悟りを開こうとしておった当時に、真の求道生活を明らかにしたからである。

よく俗間に面壁《めんぺき》九年などと称して、達磨は長い年月少林寺で坐禅ばかりしていて、とうとう足が立たなくなった者のように思われているが、それは滑稽《こっけい》な誤解で、彼は少林寺を中心に、北魏《ほくぎ》において大いに求道者を接得したものである。

---

＊董督　とりしまる。

＊百丈懐海（七四九〜八一四）　最大の功績は、禅院を構え、そこでの日常の生活の規範、すなわち清規《しんぎ》を制定したことにある。（百丈清規）「一日作さざれば、一日食わず」の句は有名である。

ただ俗権に近づかず、人目を眩惑《げんわく》するような一切の手段を遠ざけて、真に縁に随って法を説き、暇《いとま》あれば悠々たる大自然と合一して静坐黙想に耽ったため、俗衆よりはいかにも寂寞無為《せきばくむい》に見えたのであろう。

　彼は道に入るに二種ありとした。即ち道理を観ずる理入、——思索的方法と、体験を深めてゆく行入、——実践的方法である。

　小乗仏教では人世《じんせい》を苦悩と観《み》て、生《せい》の根柢《こんてい》を無明の活動としている。けれども無《む》明行《みょうぎょう》を生死流転《るてん》の業《カルマ》と観るは小乗の見《けん》である。

　実在の真性は、かくの如き盲目的活動に非《あら》ずして、我々の思量を裹《つつ》み、我々の思量を超越した絶対的活動、我々のただ「如《にょ》」、もしくは「真如《しんにょ》」と称し得るものである。「深信含生同一真性」とはこれである。ただそれが各自に現われて、識となり、名色となり、六入となり、触・受・愛・取・有と発展して、ここに我と他と分立交渉を生ずるに及んで、初めて無数の煩悩が生ずる。真性が客塵《きゃくじん》のために蔽《おお》われる。

我々はかくの如き自他分別の境涯《きょうがい》を去って、「無自無他」の真性に任せねばならぬ。「道と冥符《めいふ》」せねばならぬ。これ禅であり、定《じょう》である。

そのためには即ち智慧を磨いて真性を観ずること――理入と、これを証得する戒行――行入が必要である。

*報怨行《ほうえんぎょう》、*随縁行《ずいえんぎょう》、*無所求行《むしょぐぎょう》、*称法行《しょうほうぎょう》と次第に証悟を積んで、ここに真性に帰一する。

特に彼の教旨において肝心なのは、その理行二種を貫いて、常に理に堕《だ》せず、戒に堕せしめざる全体の調和であり、統一的、ある者である。やはり*定《じょう》である。禅である。

たとえば教理を解釈する場合、ただ機械的に論理を操《あやつ》るのではなくて、教理そのものになりきること、そこが眼目《がんもく》である。

刀を揮《ふる》って人を切る、その時妄想を浮かべないで一刀即一心になって揮う、それが肝心である。禅が大小乗の他宗と異なる

---

**＊報冤業**
苦しい人生を自業自得のものと考えて忍受すること。

**＊随縁行**
仏縁による道理にしたがって行うこと。

**＊無所求行**
何物にもとらわれない自由の境地で何物をも求めない行為。

**＊称法行**
真理そのものに立つ行動。

**＊定**
音写では三昧《さんまい》という。心を一つの対象に集中させて動揺を静め、平穏に安定させること。禅と同義。

根本は特にそこにあると思う。

神秀上座になると、その肝心に触れていない。彼はまだ外から内を観ている。真体より観て門外漢《もんがいかん》である。

これに反して慧能は明らかに内より外を観ている。真体に即している。

この人間の全霊を常に提げてゆくという生活経験が、民衆の堕落とともに、不可能になる。戒行の葛藤が甚《はなは》だしくなり、戒が堪え難きものとなってくる。

したがって仏菩提《ぶつぼだい》の境涯が各自から非常に懸絶《けんぜつ》して考えられる様になり、ここに往生浄土の他力念仏宗などが唱導《しょうどう》される。禅家をしていわしむれば、禅は十万億里の彼方にある「西方《さいほう》を刹那《せつな》の間に移す」ものである。西方の浄土を自己に発見することである。

禅宗がかくの如く深く含生《がんせい》の同一真性を信じて、全体の調和、統一活動を重んずるところにおのずから発達したものが「坐禅」

である。

近代の人々は何ごとによらず功利的に解せねば納まらないために、坐禅する者が多いが、坐禅の真義は要するに我々のとりとめのない精神活動を統一し、あわただしい挙止《きょし》を沈着《おちつ》けて、禅語にいわゆる「*昏散《こんさん》を撲落《ぼつらく》」して、自己に幽潜《ゆうせん》せしむるにある。

いわば塵労《じんろう》を去って自己の領分に遊ばす「安楽法門」である。坐禅について詳しくは道元禅師《どうげんぜんし》の『*普勧坐禅儀《ふかんざぜんぎ》』、「*弁道話《べんどうわ》」などをまず参考すべきであろう。

次に、禅門において注意すべきは*公案《こうあん》である。公案を透《とお》るということも、禅の堕落や一般の浅見《せんけん》から、何だか謎々のようなふうに誤解されておるがもってのほかの沙汰《さた》といわねばならない。

公案は唐《とう》から宋《そう》にかけて豊富に発達したもので、つまり禅門諸哲人の深厚な宗教的体験や、哲学上の思索の記録である。換

---

**＊昏散を撲落**
乱れてばらばらな状態を叩き落とすこと。

**＊普観坐禅儀**
道元の最初の著作。入宋求法した道元が道俗のために著した。洗練された漢文で、禅僧の行動規準を記している。

**＊弁道話**
道元の『正法眼蔵《しょうぼうげんぞう》』の序章ともいうべき部分。

**＊公案**
禅の問答、または問題をいう。師が弟子を試み、または評価する意味の禅語。

言すれば人間精神生活史上の重要なる事件である。

人間は、歴史を無視してとうてい現在及び将来に自覚を深めることはできない。よくよく我々が不断に経験する実在の意味なるものは、我々のその時々の経験が過去の経験体系中に摂取《せっしゅ》されて、初めて生ずるのである。

たとえば煙を看《み》る。すると我々は、過去の経験から推してどこかに火の気《け》のあることを考える。

造詣《ぞうけい》の深い考古学者になれば、一片《いっぺん》の化石を観ただけで、それがおよそどんなものであるか、いつ頃のものであるかを察知するであろう。また少し注意していれば、何人もある人の相《そう》を見て、大体どんな性格の人であるか想像されるはずである。

つまり実在を解釈する鍵は、自己の把握し得た経験体系であろう。したがって英雄に非ずんば英雄を知ることもできないであろう。「*燕雀寧んぞ《えんじゃくいずくんぞ》大鵬《たいほう》の志《こころざし》を知《し》らんや」である。

禅家はかかる祖師の心胸《しんきょう》を叩《たた》いて吾魂《ごこん》を鍛錬《たんれん》しようとする。

---

＊燕雀寧んぞ～知らんや
小さな鳥には大きな鳥の志はわからない。小人物は大人物の遠大な志がわからない。（『史記』）

それを先達《せんだつ》が点検していて、傍《そば》から激励し、誘掖《ゆうえき》*し、批判し、称揚《しょうよう》する。これが公案の工夫《くふう》である。

独《ひと》り古人の語録に留《とど》まらず、更に自然の一機一境《いっきいっきょう》をも空《むな》しくせぬのが現成公案《げんじょうこうあん》*である。

無学和尚*が首の座に据《す》えられて、

乾坤孤節《けんこんこせつ》を卓《たく》するに地なし。
喜（得）ぶ人空《じんくう》　法も亦《ま》た真なるを
珍重す大元《だいげん》三尺の剣
電光影裏《えいり》　春風を斬《き》る

と一偈を付して泰然自若《たいぜんじじゃく》としておったのは現成公案の最も生動したところといわねばならぬ。この人は、のち鎌倉へ来て、大いに相模太郎《さがみたろう》*を薫陶した傑僧《けっそう》である。

かくて、禅は先ず我らの昏散《こんさん》を撲落《ぼくらく》して内に幽潜せしめ、大

---

＊誘掖
みちびき助けること。

＊現成公案
禅語。目の前に突きつけられた問題。道元はこの世界の一切の現象がそのまま現成公案であるとした。

＊無学和尚
無学祖元（一二二六～一二八六）。鎌倉時代、北条時宗の招きで渡来した臨済宗の僧。

＊相模太郎
北条時宗の通称。

いに古人の心胸を叩いて我らの心を練《ね》り、深く含生《がんせい》の同一真性を徹見《てっけん》して、天下を収めて*肚裏《とり》に帰し、一心を放って宇宙を包容せんとする*微妙法門である。

哲人宰相・*湛然居士《たんねんこじ》（元耶律梵材《やりつそざい》）の詩に曰く、

十方世界　是《こ》れ全身
気宇《きう》・王の如く比倫《ひりん》を絶《ぜっ》す
与奪機中《よだつきちゅう》　主客《しゅかく》を明らかにし
正偏位裏《せいへんいり》　君臣を弁《べん》ず
雲に眠り月に臥《が》して三島を辞《じ》し
皷腹謳歌《こふくおうか》　四民《しみん》を預《あずか》る
了了了時　誰か暁《さと》るべき
閑人原是《かんじんもとこ》れ閑人ならず
　百拙《ひゃくせつ》禅師に和す

---

*肚裏
腹のうち。心の中。
*微妙法門
味わいが何ともいえずすぐれている仏の教法。
*湛然居士（一一九〇～一二四四）
蒙古帝国の哲人宰相・耶《や》律楚材《りっそざい》のこと。万松行秀禅師の門下で禅を究め、天文、地理、律暦、術数、医学にも精通。

この微妙の法門をわが国に伝えた真個の哲人、かの達磨に比すべき人は、即ち日本曹洞禅の開祖道元禅師である。

# 第四講　道元の禅風

## 栄西から道元へ

我が国における禅宗は、現時大別して臨済《りんざい》、曹洞、＊黄檗《おうばく》の三家であるが、そのうち黄檗は、徳川四代将軍・家綱《いえつな》の寛文《かんぶん》元（一六六二）年、明僧隠元《みんそういんげん》が今の宇治《うじ》にその根本道場たる万福寺《まんぷくじ》を建立したので、他の二家に較《くら》べると非常に新しいものである。

これに反して、臨済・曹洞二宗は五百年前、鎌倉幕府の始めにおいてすでに伝来されている。

＊臨済禅を伝えたのは、有名な＊栄西《えいさい》禅師である。

---

**＊黄檗**
禅宗の一派。京都宇治市の黄檗山万福寺を本山とし、江戸初期に来日した隠元隆琦を開祖とする。

**＊臨済禅**（臨済宗）
唐代の禅僧・臨済義玄を開祖とする。臨済宗は鎌倉時代に大応国師によって伝えられ、江戸時代中期には白隠慧鶴が出て、臨済中興の祖と呼ばれた。

**＊栄西禅師**（一一四一～一二一五）
日本臨済宗の祖。臨済宗黄竜派の禅の戒を受けて帰朝。後年、幕府の帰依で寿福寺や建仁寺を創建。

彼は仁安《にんあん》三（一一六六）年ちょうど清盛《きよもり》が剃髪《ていはつ》した年の春、道を求めて宋に渡り、一旦帰国、驕る平氏の夢の如く西海の藻《も》屑《くず》となった文治《ぶんじ》元（一一八五）年の翌々年、再び入宋して、今度帰った時はちょうど源頼朝が幕府を開く前の年、建久《けんきゅう》二（一一九一）年の夏であった。

始めて入宋してから僅々《きんきん》二十余年の間に、世はあわただしく転変した。その間、さすが浮世を一歩隔《へだ》てた法師国では、なお未だ腐敗堕落の空気の裡にあって一日の苟安《こうあん》を偸《ぬす》んでいた。

彼が臨済門下・黄竜系の虚庵《きあん》より法を得て平戸《ひらど》に上陸し、初めて禅を談し、京に上って別に一宗を起こそうとする計画に着手した時、果たして在来の僧侶らは彼に向かって邪慳《じゃけん》な妨害を始めた。

そこで老巧な彼は、この形勢を緩和《かんわ》するために、一面、従来の顕密《けんみつ》二教とある程度の妥協を試みて修法《しゅほう》祈禱をも行なうとともに、一面、また力《つと》めて朝権に近づいてその外護を借《か》ろうとした。
　彼の上奏《じょうそう》に

それ仏法なるものは是れ先仏後仏の行儀《ぎょうぎ》なり。王法なるものは先帝後帝の律令《りつりょう》なり。謂《おも》うに王法なるものは仏法の主、仏法なるものは王法の宝なり。是の故に慇懃《いんぎん》に是知《ぜち》検察せらるべし――

と説いている。しかしながら、彼に対する山法師の敵意は日に増し険悪になって、彼はついに京を去って、当時新興勢力の中心たる鎌倉に下り、将軍頼家《よりいえ》に謁《えっ》し、政子《まさこ》の帰依《きえ》を得て正治《しょうじ》二（一二〇〇）年、鎌倉に寿福寺《じゅふくじ》を建て、その後援で建仁二（一二〇二）年、京都に建仁寺を建立することができた。
　その後、朝廷から法勝寺《ほっしょうじ》九層塔建立・監督の功労で紫衣を賜《たま》わり、権僧正《ごんのそうじょう》の位を得たりして、ようやく志を伸ばしかけたが、不幸老齢のため、間もなく建保《けんぽう》三（一二一五）年、寿福寺で入滅《にゅうめつ》した。

畢竟彼は真の禅風を挙揚したのではなくて、在来の宗教に対して一敵国を樹立すべき、むしろ宗教的・政治的方面に努力したのであった。

真の禅風はなお何人かに待たねばならない。而《しこう》してこの大任にあたって、しかもこれを鮮やかに果たした＊英霊漢《えいれいかん》こそは、即ち道元禅師である。

栄西入滅の時、彼は建仁寺において栄西の高足《こうそく》・＊明全《みょうぜん》和尚の門下にあった。年はまだ十六の春。

## 人格の展開

彼の父は村上天皇より出た久我家《こがけ》に生まれ、後白河《ごしらかわ》天皇より土御門《つちみかど》天皇に至る七朝に歴事《れきじ》し、内大臣に任ぜられた通親《みちちか》であ

---

＊英霊漢　すぐれた人物。
＊明全（一一八四～一二二一）　栄西の高弟。道元と共に入宋したが、その地で病没した。

る。
この人はなかなか胆勇《たんゆう》あり、見識も高い人格者で、清盛や頼朝と相容《あいい》れず、胸中の悶々《もんもん》をわずかに文学に遣《や》っていたように見受けられる。
道元は、この父をわずかに三歳で失わねばならなかった。それから八つまで、彼は祖母や母の手に撫育《ぶいく》せられた。彼を生んだ母は不比等《ふひと》の後裔《こうえい》で、清盛に流され、義仲《よしなか》に楯突《たてつ》いた藤原基《もと》房《ふさ》の女《むすめ》である。
彼の天稟《てんぴん》、すでに溌溂たる男児の血性を伝うるものあるを看《かん》取《しゅ》することができる。

　　*仏印《ぶっちん》禅師、蘇東坡《そとうば》に勇退を促して、子瞻《しせん》（東坡）胸中万巻の書あり。筆下一点塵《ちり》無し。此の地位に到りて、*性命何《せいめいなん》に在るを知らずんば、一生の聡命《そうみょう》要するに甚麼《なに》をか做《な》す。仏も只是《ただこ》れ一个《いっこ》の*有血性《ゆうけつせい》男子なり。子瞻亦《ま》た一力承当《いちりきしょうとう》功

---

*仏印禅師
宋の高僧。金山寺に住した。蘇東坡の親友。

*蘇東坡（一〇三六～一一〇一）
北宋の詩人・文人。唐宋八大家の一人。

*性命
天授の性と命。『中庸』に「天の命ずるを性といい、性に率うを道といい、道を修めるを教という」とある。

*有血性男子
血の気の通う男子。

名富貴を把《と》って之を泥土《でいど》に置いて努力して前《すす》むに若《し》かず。
珍重々々。

彼八歳の時、母もまた彼を舎《お》いて世を去った。伝うるところによれば、臨終の枕頭《ちんとう》に彼を呼んで、母なる人は懇々《こんこん》と幼い彼に出家得道を依嘱《いしょく》したといわれている。

葬いは高雄《たかお》で営まれた。仏前に立ち上る縷々《るる》たる香煙は、幼いが、しかし生まれつき勝《すぐ》れて賢い彼の心を深く動かした。そして彼は、いち早く仏典にいそしむようになったのである。

しかるに、彼の一族の関白師家《かんぱくもろいえ》は子のないままに彼をもらい受け、その人となりを愛《め》でて、十三の春、彼を元服《げんぷく》させようとした。彼の前途には世間の祝福が限りなく集まっているように見えた。

しかしながら世の常の子供ではない彼は、母の遺命を思い、道を念《おも》うて、煩悶懊悩《おうのう》の末、とうとうある夜ひそかに家を脱し

---

＊依嘱
たのむこと。たよること。

＊関白師家
藤原師家（一一七二～一二三六）、基房の子。道元の母の兄。

て、叡山に住む伯父の良観《りょうかん》法師のもとに逃れた。

一門は大騒ぎであったが、彼の志は牢乎《ろうこ》として奪うべくもなく、十四の春、いよいよ許されて沙門の列に入った。関東では北条の権力がようやく確立した時である。

かくて彼の切実なる工夫弁道は、二、三年の間に戯学戯論にあきたらずして、直接仏心に迫るようになって、ついに仏心印《ぶっしんいん》*を伝うる新来の禅を叩くべく、建仁寺に投じたのである。類稀《たぐいまれ》な天才と、熱烈な求道的精神に燃ゆる若き弟子に、明全《みょうぜん》はこれこそ我が志を大成すべき仏法の大器と感激したであろう。

かねて宋に渡ってかの地の大徳《だいとく》に親しく教えを受けたいと思っていた明全は、彼において好個《こうこ》の伴侶を得た。そして貞応《じょうおう》二（一二二三）年の早春、博多から便船に乗って渡海した（この時、陶器で名高い加藤四郎左衛門景正《しろうざえもんかげまさ》が、久我家に事《つか》えた縁故《えんこ》で彼に随行した）。

---

*仏心印　世尊《せそん》の拈華瞬目《ねんげしゅんもく》、迦葉の破顔微笑《はがんみしょう》の故事は、仏心印伝授の源流とされている。以心伝心、不立文字、教外別伝ともいう。世尊一日霊鷲山に在って大衆に説法された際、華を拈じて瞬目された時、迦葉のみその意を解して破顔微笑したので、世尊は、「吾に正法眼蔵涅槃妙心あり、摩訶迦葉に付す」と宣された。

## その生涯（一）

貞応二（一二二三）年は、南宋の社稷《しゃしょく》も傾いた寧宗《ねいそう》の嘉定《かてい》十六年にあたる。

五月、彼らの船が慶元府《けいげんふ》に着いて、そこに碇泊《ていはく》しておった時、ある日六十余の老僧が買い物に船へやって来た。

初めて目的地へ着いて、その国の僧に接したので、道元も珍しく思って聞いてみると、その老僧は*育王山《いくおうざん》の典座《テンゾ》（調食のことを司るもの）で、故郷の西蜀《せいしょく》を出て四十何年の間諸方《しょほう》の叢林《そうりん》を遍歴《へんれき》し、今年六十一になって、今の所に足を留め、たまたまあくる日、雲水たちに食べさす材料を買いに出て、日本の船を見つけてやって来たのであった。

**道**　ここから育王山まで、どれくらい道のりがありますか。

---

**＊育王山**
阿育王山《あいくおうざん》のこと。浙江省寧波市の東にある山。山中に阿育王寺がある。平安末期以降、育王山は五台山に代わって入宋巡礼僧の聖地となった。

僧　五、六里あるでしょう。

道　今日偶然にもお遇《あ》いしたのであるから、これをご縁にしばらく船にとまって話してゆかれたらいかがですか。私があなたを供養いたしましょう。

僧　いや、そういうわけにもまいりません。明日の供養に私がおらなければ不都合です。

道　でも、あなたお一人いなくても、まさか食物の調理をするぐらいのことに事欠《ことか》きはしますまい。

僧　いや、私は年をとってこの役目にあたっておる。いわば八十の手習い、耆及《ききゅう》の弁道です。人に任せておいたのでは何にもなりません。また出かける時、泊まるとも言ってきませんでしたから。

道　あなたはそのお年で修行なさるなら、なぜ坐禅して公案を工夫されないのですか。そんな面倒な仕事を引き受けて、つまらんじゃありませんか。

老僧はこれを聞いて大笑いした。

**僧**　外国のお方、あなたはまだ修行の何たるかをおわかりになっておらんな。学問の意義をご存じない点がある。

道元はハッと心づいて、思わず顔を赤らめながら、ここぞと思って尋ねた。

**道**　なるほど。それでは学問修道《しゅうどう》の真義をご教示にあずかりたい。

**僧**　そこをうまく通ればしめたものなのだが……もしまだご合点がいかねば、いつか育王山へおいでなさい。一番、文字の道理を商量《＊しょうりょう》しましょう。

＊**商量**　あれこれとはかり考えること。

この老僧に会ったことは、入宋求法《ぐほう》の道元にとってまず大いなる驚きであり、悟りであった。

学とか悟とかいう問題を、何かしら文字通りに出世間《しゅっせけん》のこと、世間の生活から隔離したことのように思うのは大いなる間違いである。肉体を離れて心の求むべきものはないように、日々の生活の裡に我らの学道はあるはずである。それが本当である。

そこに到るべく我々は仮に静処《せいしょ》を探ね、あるいは文字を借《か》って思惟《しい》するにすぎない。

間もなく彼らは船を去って、慶元府の天童景徳寺《てんどうけいとくじ》に入ることを許された。ここではしなくも道元の面目《めんもく》を発揮して、一山の僧侶らの弛緩《しかん》せる気分を緊縮させた問題が起こった。

由来、禅門の清規《しんぎ》として、僧侶の座位、即ち席順は、出家して仏門の人となった年を起点として勘定《かんじょう》し、歳月の長い者を上に定めることになっている。即ち法臘《ほうろう》によって座位を定める。

単なる年齢の次第、国籍の如何《いかん》、在俗の地位、門閥の如何な

---

＊天童景徳寺
浙江省寧波市の東に天童山があり、山下に中国五山の第三位の天童山景徳禅寺がある。歴代住持には、宏智《わんし》正覚はじめ巨匠が名を連ね、栄西や道元ゆかりの寺としても名高い。
＊清規
禅門において、修行僧が範拠とすべき仏道修行の生活規則をいう。
＊法臘
法の上での年齢の意で、出家し具足戒を受けて僧侶となった以後の年数をいう。

どは全く舎いて問わない。百川の大海に朝宗《ちょうそう》する如く、百姓《ひゃくせい》仏門に入ればすべて皆一釈氏《しゃくし》を称する。

しかるに道元が天童に入った時は、もはや俗塵《ぞくじん》に染《そ》み、惰気《だき》に襲われておる全山の僧侶たちに、そういう高朗《こうろう》自由な精神は跡型《あとかた》なく、滅んでおった。

山においても俗世の無意義な差別が横行《おうこう》して、沙門はただ剃髪した俗人というにすぎなかった。

そして新来の道元らを、たちまち倭国人《わこくじん》としてこれを新参者《しんざんもの》の列に入れようとした。

道元は毅然《きぜん》としてこれを拒んだ。自分はすでに日本にあって、多少法臘を積んだ者である。今さら新戒の列に入る理由はない。法の天地においては俗世間的差別はないはずである。

彼の主張は実に堂々たるものであった。しかし一山《いちざん》の大衆は、異国人たる反感を交《まじ》えて一向彼の主張に従う気勢もなかった。

道を求めて渡来したものが、まず非道に屈するようでは何のための修行かわけがわからぬ。

道元はここにおいて、あくまでも正論を貫徹《かんてつ》すべく覚悟した。そして戒次《かいじ》匡正《きょうせい》の上奏文を時の寧宗皇帝に上《たてまつ》ったのであった。

その結果、朝廷では法の通りに座位を匡正すべき旨《むね》を天童に命令した。真理の主張に対しては横車《よこぐるま》を押した僧徒も、国権の前には一言もなく服せざるを得なかった。

自然、倭僧《わそう》道元の名は当時の禅僧界において、大いに注意せられるようになった。

かくて二年ばかり天童にあって修行し、それから処々《しょしょ》の名刹《めいさつ》に禅師といわれる人々を尋ねて廻ったが、この時すでに禅門は、慨して盲坐禅や公案遊戯に陥《おちい》っておって、道元を満足させるような叢林も禅師も見当《みあ》たらなかった。

近来《きんらい》大宋国に禅師と称する者多し。仏法の縦横《じゅうおう》を知らず。見聞《けんぶん》いと少し僅かに、臨済雲門の両三語《りょうさんご》を諳誦して仏法の全道と思えり。仏法若し臨済雲門の両三語に道《い》ひ尽《つく》さるれば、仏法今日に至るべからず。不足言《ふそくげん》のやからなり。

と彼も慨歎《がいたん》している。

昏散《こんさん》を撲落《ぼつらく》する安楽法門の坐禅も、心霊を照らす古人の深厚な体験の意義も、一般禅僧の解するところではなかった点など、今に照らして歴々と想見せられる。

かくて彼は失望して、再びもとの天童に還《かえ》ろうとした。

その間に天童では、前の了派無際《りょうはむさい》のかわりに、勅請《ちょくせい》によって長翁《ちょうおう》＊如浄《にょじょう》が晋山《しんざん》した。

道元は途中、ある僧から、この頃晋山された如浄和尚こそ真に人天《にんでん》の大導師であると聴いて、非常に喜んで天童に急いだ。

そしてまず熱誠な求道の願を如浄に提出した。

法縁の熟するところ、如浄の＊返柬《へんかん》もまた慇懃であった。

いつもいかなる風《ふう》でもかまわぬ。就《つ》いて問われよ。老僧は親

---

＊如浄（一一六三～一二二八）
湘江省の人、十九歳で諸山を遊歴し、中国曹洞禅の雪竇智鑑《せっちょうちかん》の下で大悟する。一二二四年天童山景徳禅師に住し、その禅は洞山良价《とうざんりょうかい》の流れを汲み、名利を超越し只管打坐に徹したものであった。如浄の下で得法した道元は、真の正師と称えている。

＊返柬
返事の手紙。返簡。

が子の無礼を＊恕《じょ》するに一如《いちにょ》せんという慈悲深い挨拶であった。

彼は新たな感激に奮い立って、思索修行を励んだ。そのうちに彼の道心をいっそう鼓舞する事件が起こった。

それは、彼を＊引具《ひきぐ》して入宋した師兄《しけい》である明全和尚の死である。ある意味において、これは道元をして川を後にして大敵に臨む境地に立たせたものといわれるであろう。

如浄禅師の禅風は、果たして若き道元を傾倒せしめるに充分であった。

禅師は隆々《りゅうりゅう》たる＊道誉《どうよ》を担《にな》いながら、道業いよいよ堅固に、朝廷より贈られた紫衣も師号もすべて辞退され、権門より献じた資財をも固辞《こじ》して、頂天立地・独立独歩の高潔なる精神を発揮し、遠近《えんきん》をして真に渇仰《かつごう》舎かざらしめた。

そしてこの禅師をして＊法乳《ほうにゅう》を惜しみなく与えさせたものは、実にほかならぬわが道元和尚であった。

禅師は、この異国の一若僧こそ、一山の大衆を圧する真の英

---

＊恕するに一如せん
ゆるすのに同意しよう。

＊引具
引き連れて行くこと。

＊道誉
仏教修行僧としての栄誉。

＊法乳
仏の教えの精粋。

霊漢なることを深くも看破《かんぱ》した。

ある日道元が坐禅しておると、傍の雲水がしきりに坐禅したまま居睡《いねむ》っておる。如浄禅師はこれを観て厳かに誡《いまし》めた。

参禅は身心脱落《しんじんだつらく》＊しなければならぬ。ふらふら居睡っていて何ができるか。

これを傍で聴いた道元は、礑《はた》と悟るところがあった。彼は思わず敬虔の情に打たれて、つと方丈《ほうじょう》に上って焼香した。

「焼香してどうしたのか」

禅師は、すかさず一矢《いっし》を放った。

「身心脱落しました」

「えらい。身心脱落、脱落身心」

敬虔なる道元は答えた。

「いえ、まだ一時の悟りです。なかなかお許しを受けるどころではありません」

「そこだ。脱落身心」

---

＊身心脱落
身心が一切の束縛から解き放たれて自在の境地になること。道元は、師の如浄の「参禅はすべからく身心脱落なるべし」の言によって悟道した。

道元は深く礼拝した。十余年の苦修錬行、ここに初めて*画《が》竜点睛《りょうてんせい》することができたのである。

道元の快《よろこ》びもいかばかりであったろう。さらにこの英霊漢を打出《だしゅつ》した如浄の喜びも、またいかばかりであったろう。この時まさに道元二十六歳の夏であった。

人天の大道師・如浄禅師の法嗣として、倭僧道元和尚の道誉は次第に遠近道修《どうしゅう》の敬仰《けいぎょう》するところとなった。しかも真に如浄の衣鉢《いはつ》を伝えた和尚は、道誉日に高うして、いよいよ謙虚に道を励んだ。

そして在来五年二十八の年、ついに彼は乳慕の情を忍んでその師、如浄禅師に帰国を願った。もとより強《し》いて引き留めることもできない禅師の胸中も、いかばかりであったであろう。

禅師は懇《ねんご》ろに彼に袈裟《けさ》と自賛《じさん》の肖像と、及び洞山《とうざん》大師に出づる曹洞の宝典たる『*宝鏡三昧《ほうきょうざんまい》』、『*五位顕訣《ごいけんけつ》』を与えて嗣法《しほう》の証拠とし、国に帰って法を弘《ひろ》め、広く衆生を済《すく》うがよい。ただ

---

**＊画竜点睛**
物事を立派に完成させるための最後の仕上げ。

**＊宝鏡三昧**
洞山良价の作とされる。曹洞宗では古来、朝夕諷誦され最も重視されてきた。

**＊五位顕訣**
洞山五位は、洞山良价禅師の首唱した禅宗哲学の大要。その要旨をまとめたものが『顕訣』。五位説を初めて我が国に伝えたのは道元禅師で、『宝鏡三昧』と共に『五位顕訣』をも伝来したといわれる。

都会に住せず、国王大臣に親近《しんきん》せぬよう心がけ、なるべく深山《しんざん》幽谷《ゆうこく》に住んで、一箇半箇《*いっこはんこ》を接得し、わが宗を絶やさぬようにせよと言い含めて別れを告げた。

道元は感泣《かんきゅう》して山を下った。

## その生涯（二）

帰ってみれば、日本の宗教界は依然として腐敗・堕落を極めている。わずかにこの間にあって法然・親鸞らの真摯な念仏宗の樹立があったが、それも南都北嶺《なんとほくれい》の法師輩《ばら》から執拗《しつよう》な迫害を受けて圧《おさ》えつけられていた。

道元禅師の出た栄西門下も中央にはほとんど跡を滅《めっ》して、わずかに鎌倉武士の間に一縷《いちる》の命脈を保っているにすぎなかった。即ち栄西門下の逸足《いっそく》たる行勇《ぎょうゆう》の鎌倉幕府における、同門の栄朝《えいちょう》の上野徳川義季《こうずけとくがわよしすえ》におけるがその代表者である。

＊一箇半箇
　一人か半人。きわめてわずかな修行者だけが、弟子となりうるとする禅林教育の厳しさを表現した言葉。

しかし、いずれも真の禅風ではなくて、多分に在来の祈禱仏教を加味したものといわねばならない。

かかる状況を眺めながら、禅師は黙々として昔なつかしい京の建仁寺に帰った。帰っても、禅師にすれば、沙門が党同伐異《とうどうばつい》して相争うはもってのほかの沙汰である。

法は自性を徹見するにある。自性を徹見するとは、意馬心猿《いばしんえん》の小我を滅却《めっきゃく》し、山高く水長く生きることである。

寛喜《かんぎ》元（一二二九）年三十の年、禅師はさらに建仁寺を出て宇治深草《うじふかくさ》の破れ寺、安養院へ移られた。

*生死《しょうじ》憐《あわ》れむべし雲変更《くもへんこう》
迷途覚路《めいとかくろ》夢中に行く
唯《た》だ一事を留めて醒《さ》めて猶《なお》記す
深草の閑居《かんきょ》、夜雨《やう》の声

＊生死憐むべし～（大意）
人の生死は、憐れにも雲が晴れたり曇ったりするように果敢《はか》ないものだ。人は迷いと悟りを繰り返しながら、夢中の人生を送っている。夢から醒めて唯一つの確かなことを書き残しておこう。深草の静かな庵に夜の雨が降っている。

けれども隠るるより顕《あら》わるるはなしで、いつしか「深草の仏《ぶっ》法房《ぽうぼう》の聖人」という評判は心ある人より人に伝わって、貴族といわず、一般士民といわず、道を問うもの日に日に繁《しげ》くなって行った。

そこで一小廃院では狭くなって、同じく深草の極楽寺《ごくらくじ》跡《あと》に移られたが、ここも仏殿が残っているだけで、参学の大衆を入れる余地はなかった。どうしても仏殿のほかに、法堂と僧堂とがなければならぬ。そのために、おのずから建立の議が持ち上がった。

信者の中には独力でこれにあたろうという人もあったが、法堂は請いに任せ、僧堂は禅師自ら法施《ふせ》を募ってこれを建立することにした。

そしてついに嘉禎《かてい》二（一二三六）年、師三十七の春、すべて落成することができた。観音導利院《かんのんどうりいん》・興聖宝林寺《こうしょうほうりんじ》がこれである。

その秋、盛大な開堂式が行なわれた。定めてこの佳辰《*かしん》に禅師

＊佳辰
佳い日、吉日。

の*卓異《たくい》な講論があるだろうと思っていた人々の予想に反して、師の*上堂《じょうどう》の語《ご》は実に淡泊《たんぱく》な、しかし無量の味の籠ったものであった。

*山僧叢林《さんそうそうりん》を歴《ふ》ること多《おお》からず。只是れ等閑《なおざり》に天童先師に見《まみ》えて、*当下《とうか》に*眼横鼻直《がんおうびちょく》を認得して人に瞞《まん》せられず、すなわち空手《くうしゅ》にして郷に還《かえ》る。ゆえに一毫《いちごう》も仏法無し。任運《そのまま》に且《しばら》く時を延《の》ぶ。朝々《ちょうちょう》日は東より出でて夜々《やや》月は西に沈む。雲収まりて山骨《さんこつ》露《あら》われ、雨過ぎて四山低《た》る。畢竟如何《いかん》。三年一閏《いちじゅん》に逢い、鶏*五更《ごこう》に向《むか》って啼《な》く。

この時代に、禅師は少なからぬ*龍象《りゅうぞう》を養うことができた。彼の法を嗣《つ》いだ英霊漢・*懐奘《えじょう》や義介《ぎかい》や、後鳥羽天皇の皇子で順《じゅん》徳《とく》天皇の弟君にあたる義尹《ぎいん》などがその人々である。桃李《とうり》言《ものい》わず、下自《したおの》ずから蹊《みち》を成す。まことに禅師こそ、その

---

**＊卓異**
卓越して異彩を放つ意。

**＊上堂の語**
説法の際の話。

**＊山僧叢林を歴ること多からず**
自分は禅堂を住持したことも少ない。

**＊当下に**
その時、即座に。

**＊眼横鼻直**
眼は横に、鼻は縦についている、つまり人間の本性。

**＊五更**
午前三時から五時の間。

**＊龍象**
卓越した人物。

**＊懐弉**（一一九八～一二八〇）
一二三四年、日本達磨宗

好例といわねばならない。

しかしながら、禅師の心はさらに尊かった。

如浄禅師と袂《たもと》を別《わか》つ時、老禅師は若き法嗣を顧みて、都会に住《とど》まるな。国王大臣に親近するな。常に深山幽谷に住んで一箇半箇を接得せよと誡めた。

この心は深草の里が栄えるとともに、禅師をして漫《そぞろ》に雲水の情を深くさせた。加うるに例の醜悪なる南都北嶺の圧迫も、当然禅師の不快を唆《そそ》ったであろう。

禅師はしきりに幽棲《ゆうせい》の地を探ねた。その頃、禅師の信者の一人に波多野出雲守義重《はたのいずものかみよししげ》という勇将がおった。

彼は鎌倉の後裔で、代々武勇の誉《ほま》れ高く、義重に至って深く道を禅師に学び、入道《にゅうどう》して如是《にょぜ》と称しておった。

この人が、その領地のうち越前《えちぜん》吉田郡の深山に非常に幽静な古寺があるから、それを利用せられてはと申し出た。越《こし》は天童地方と同名である。

---

の徒をつれて深草興聖寺の道元の門に投じる。以後、常に二歳年下の師に随侍し、その法を嗣ぎ永平寺二世となる。一二六七年、その席を徹通義介《てっつうぎかい》に譲る。著作に『正法眼蔵随聞記《しょうぼうげんぞうずいもんき》』がある。

禅師は大いに喜んで、その勧めに随った。義重も熱心に精舎《しょうじゃ》の建立に従事して、ついに寛元《かんげん》二（一二四四）年、今の永平寺《えいへいじ》を竣成《しゅんせい》することができた。

禅師の道風はいよいよ崇高堅固《すうこうけんご》を加えた。

鎌倉にあっては、北条代々の人物中、とりわけ風趣《ふうしゅ》に豊かな時頼《ときより》が寛元四（一二四六）年、執権《しっけん》職に就いている。

彼は日頃深く道に志していたが、たまたま越の山間に道元禅師なる人天の大道師ありと聞いて、自ら弟子の礼を取って、切に関東地方巡錫《じゅんしゃく》を願った。

鎌倉は栄西禅師入滅の地である。禅師にとって思いは深かったであろう。

宝治《ほうじ》元（一二四七）年の夏、禅師も誘われるままに永平寺を起《た》って鎌倉に着いた。

時頼は非常に喜んで、礼を尽くして師を自分の館に招《しょう》じた。彼が入道して道崇《どうすう》と号したのは、この時師の道元の一字をもらったのである。

時頼が世の常の政治家に似ず、どこか権勢に淡いのは、確かに個性にもよるけれども、一面禅師の深い感化を認めざるを得ない。

時頼からしてその通り、鎌倉地方を挙げて禅師に対する帰依《きえ》は非常なものであった。時頼はさらに寺院を建立して、禅師を長く鎌倉に引き留めようとした。

しかしながら如浄古仏《こぶつ》の誡《かい》にも曰く、国王大臣に親近するなかれ。果たせるかな、禅師は上下の乳慕の情を断って、翌年二月下旬、早くも鎌倉に去って永平寺に帰山*した。

その帰山の句*に、

山僧出去《しゅっきょ》半年余
猶《な》お孤輪の大虚《たいきょ》に処するが若《ごと》し
今日山に帰れば雲気《うんき》喜ぶ

＊帰山の句（大意）
自分は山を出てから半年余、その間、孤独な日輪が虚空に推移していたようなものであった。今日、故山に帰ってくると、山の霊気も、喜んでいるようだ。離れてみて一層、山を愛する心は、深まったように思う。

## 山を愛するの愛初めより甚《はなは》だし

　昔は達磨大師・王者の権栄を見ること*弊履《へいり》の如く、去って嵩山の中に隠れ、宝誌をして*闔国《こうこく》の人追えども還らじと讃歎せしめ、今は道元禅師・執権の渇仰に甘んぜずして、越山の雲気を愛す。古今哲人の*肝胆相照《かんたんあいて》らすところ*光風霽月《こうふうせいげつ》の如き境地に、*三歎《さんたん》を禁じ得ないではないか。

　この心を知らぬ弟子の玄明《げんみょう》が、時頼の好意による越前六条の地三千貫の寄付状を大喜びで持って帰った時、禅師は痛烈に玄明を叱責して、その心が法を破り後を禍《わざわい》するものであるとて、彼の法衣を奪って直《じき》に下山を命じ、彼が以前に坐っておった僧堂の席を取り去って、床下の土を掘り棄てること七尺に及んだという。

　これ実に、禅師が一般僧界に対して一大*痛棒《つうぼう》を揮ったのであると思う。

---

**＊弊履**
やぶれた草履。

**＊闔国**
国を挙げて、全国。

**＊肝胆相照らす**
互いに心を打ち明けて、親しく交際する意。

**＊光風霽月**
うららかな風と雨後の月。胸中の清らかな人の譬え。

**＊三歎**
何度もほめること。心から感服すること。

**＊痛棒を揮う**
手痛く弟子を叱責する意。痛棒は、坐禅で師が迷いの心を持つ弟子を打ちこらすのに用いる棒。

禅師は当時の僧を罵《ののし》って、「諸方を見るに道心の僧はまれにして、*名利《みょうり》を求むる僧は多し。仏法を慕わず一心に朝廷の賞をこいねがう。この類は皆誰かこれ仏祖、誰かこれ外道《げどう》ということを不識《しらざる》なり」といい、また、「古語に云う、倉にすむ鼠・食に飢え、田を耕す牛・草に飽《あ》かずという心は、食の中に在りながら食にうえ、草の中に住しながら草に乏《とぼ》し。人もかくの如し。仏道の中に在りながら、道にかなわざるものなり。名利希求の心止《や》まざれば一生安楽ならざるなり」と説いている。

*幾《いく》たびか悦《よろこ》ぶ山居尤《さんきょもっと》も寂寞なるを
斯《こ》れに因《よ》って常に法華法を読む
専精樹下《せんしょうじゅか》何の憎愛《ぞうあい》かあらん
月色看《み》るべし雨聴くべし

この道風にいたく感動せられた後嵯峨《ごさが》上皇は、建長《けんちょう》二（一二

---

＊名利　禅宗で最も戒める名聞と利欲。

＊幾たびか悦ぶ～（大意）　入山後、幾度も悦んだが、俗界を去った山の生活の日月は何と静謐であろうか。山居隠棲のおかげでいつでも法華経を読むことができる。樹下ひたすらに仏道に精進していると俗世の愛憎の煩悩とはいったい何だったのか。心ゆくまで明月を観賞し、耳に心地よく夜雨の音を聴こうではないか。

五〇）年（師五十一歳）勅使《ちょくし》を永平寺に遣わされて、*紫衣《しえ》を賜《たまわ》ろうとした。

すでに執権の寄進《きしん》を拒まれた師が、どうして朝廷の恩賞を喜ばれようか。禅師一個にとってはまだ別段のことはないとして、それは全山の衆僧《しゅそう》の名利心を刺戟すること、まさに火に油を注ぐようなものではあるまいか。

聖恩《せいおん》の重きことは万々《ばんばん》であるが、先師以来の道風なればとて師はこれを固く辞退した。

しかも聖旨は翻すべくもあらず、再三*優渥《ゆうあく》な御諚《ごじょう》を賜うに及んで、一門の懇請《こんせい》もあり、かたわら、禅師は恐懼《きょうく》してこれを頂戴した。

しかしながら禅師は、一生これを高閣《こうかく》に奉置《ほうち》して、ついぞ身に着けられなかった。

*永平《えいへい》谷浅しと雖《いえど》も

---

＊紫衣
紫色の袈裟《けさ》と法衣《ほうえ》。古来、高僧の徳を称えて、朝廷が下賜される慣わしがある。

＊優渥な御諚
ねんごろに手厚いお言葉。

＊永平谷浅し～（大意）
永平寺の谷があまり深くないように悟道の造詣も深くはないのに、天皇の勅命はこのうえなく深く重い。それゆえに最高の栄誉たる紫衣はあまりにもふさわしくない、それを着用しては山の猿や鶴に笑われてしまうではないか。

勅命重《おも》うして重々《じゅうじゅう》
却《かえ》って猿鶴《えんかく》に笑われん
紫衣一道翁《どうおう》

これ師の感懐《かんかい》であった（あるいはこの事実を否定する説もあるが、そはここに論ずべき要を認めない）。
かほどの大禅師に、いかなる天意によってか、寿《じゅ》を許すことに吝《やぶさか》であった。
師は建長四（一二五〇）年の夏頃から、健康とかく勝《すぐ》れず、翌五年夏、道俗《どうぞく》の懇請によって療養のため京都に赴《おもむ》いた。しかしながら病は日に日に重く、ついに一日、室内に低声誦経《じゅきょう》しながら、親《みずか》ら筆をとって、
若《も》しは林中に於《お》いて、若しは樹下に於て、若しは僧房に於て、若しは白衣の舎《しゃ》、若しは殿堂《でんどう》に在《あ》って、若しは山谷曠野《さんこくこうや》、

＊感懐
心に感じいだく思い。
＊寿を許すことに吝
長生きさせることにもの惜しみした。
＊道俗
僧侶と俗人。

是《こ》の中《うち》皆応《まさ》に塔を起《おこ》して供養すべし。所以《ゆえん》何となれば、当に知るべし是《こ》の処即ち是れ道場にして、諸仏此《ここ》に於て阿耨《*あのく》多羅《たら》三藐三菩提《さんみゃくさんぼだい》を得《う》。諸仏此に於て法輪《*ほうりん》を転じ、諸仏此に於て般涅槃《*はつねはん》す。

と法華経文を写し、八月二十八日夜半、

五十四年　第一天を照《てら》し
箇の跨跳《ぼっちょう》を打して　大千を触破《しょくは》す
咦《いい》
渾身覓《もと》むる無し　活《い》きて黄泉《よみ》に陥る

と遺偈《*ゆいげ》を書し了《おわ》り、筆を擱《お》いて眠るが如く他界された。齢《よわい》五十四、法臘《ほうろう》四十一。道俗慟哭《どうこく》して、失神した者少なくなかったという。

---

**＊阿耨多羅三藐三菩提**
無上の真実なる完全なさとりの意。

**＊法輪を転ず**
釈尊の説いた法が威光をもって人から人へと遥かに広まることを譬えていると解釈される。

**＊般涅槃**
涅槃は煩悩の火が吹き消された状態の安らぎ、悟りの境地。また生命の火が消されたということから入滅、死去をいう。般涅槃は完全な涅槃。釈尊の入滅を大般涅槃、大円寂という。

**＊遺偈**
臨終に際して賦され、没後に残された偈。

## 悟りということ

現代でもやはり一般に禅の心要を解しないで、何だか悟り、悟りということを奇言奇行のことのように、あるいはまた放埒《ほうらつ》なことをやりとばして平気でいること、礼儀作法を無視してすましていることのように誤って思いこんでいるものが少なくない。特に書生禅・野狐禅《*やこぜん》の徒のこれを裏書きする害は実際甚だしい。

道元禅師はこれを切《せつ》に誡めて、

さとりというは別事にあらず。形式戒法立って後のことなり。今時の僧、みだりに祖師の語を見て思量《しりょう》し分別して、戒行不足にしてさとれりといえり。是れ末世《まっせ》法をみだり、人をまどわす大罪人なり。仏一代の説法一切諸経は皆是れ小玉《*しょうぎょく》を與う手段なることをしらず。さとれる者は戒法正

---

＊野狐禅　真実に坐禅弁道していないのに自ら見性大悟《けんしょうたいご》（禅の奥儀をきわめる）したかのような態度を示して、他を欺き、たぶらかすのを野狐に譬えていった語。

＊小玉　美しく愛すべきもの。

しく、物我《ぶつが》なく、大慈円満にしてもろもろをすくえり。あさましきかな、末法の僧は俗家をたぶらかし、時にあえるに心をよせ、時に不合の人ありといえどもかつてみることなく、いまの法は俗家の世渡業《よわたりぎょう》にもおとりてあさまし。なかなか渡世のなすことをみれば、なすことありて、取ることあり。此れにははるかに劣れるは、このごろの仏者のありさまなり。眼をさまして仏の真理を弁え、向上の大路をあゆむべし。

と説いている。

悟りとは身心脱落・脱落身心、いいかえれば自由を体現することであるという。いかにもそれに相違ない。けれども身心脱落・脱落身心、自由の意味を浅薄に解しては非常な誤りである。快楽主義者・自然主義者の浅薄な者は、一概《いちがい》に克己《こっき》を排して不自然であり、不自由であるとして、ひとえに情欲の満足、し

---

＊時にあえるに心をよせ　時勢に時めく人に関心をよせ、時勢に不遇の人があっても無関心なこと。
＊なすことありて、取ることあり　世の中のために何らかの貢献をして、その見返りとして報酬を受ける。

たがって快楽の追求を重んずる

しかし情欲の満足、快楽の追求が自然であると同一の理由によって、克己もまた人間の自然である。

いかにも人間のもろもろの情欲は、それぞれ皆充足理由を持っているものであるが、漫然とこれを放任すれば、必然、各欲求の間に矛盾衝突をきたさざるを得ない。

人間は多くの欲求が相互に相関連し、一全体を成して調和的に生活するものである。したがってもろもろの欲求は必然、相制約されて全体的に統一されてゆく。しからずんば、人間生活はたちまち破綻《はたん》に終らねばならない。

かくの如く、もろもろの欲求が全体的に統一されるのが即ち克己である。

情欲が自然なるが如くに、克己もまた極めて自然である。ただ克己という字が明らかに示すように、この全体的統一作用を克己と感ずるのは、まだ己が低劣だからである。

己が高まれば、克己がいわゆる克己ではなく*自在三昧《じざいざんまい》となるであろう。孔子のいわゆる「心の欲するところに従えども矩《のり》を踰《こ》えず」である。

快楽という意味にもさまざまな質的差違があることは、少しく考えて見れば明白であろう。必ずしも情欲の満足が快楽ではない。

克己の裡にも深い快楽がある。「*名教《めいきょう》の中自《うちおの》ずから楽地《らくち》有《あ》り」という言葉を深思《しんし》せねばならぬ。

自由ということは、つまり権力とか、財力とかその他すべて自己から離れた外来の作用によって、屈服させられない*醇乎《じゅんこ》として醇なる、自律に生きることの意味である。

そこで道元禅師の説の如く、悟りというも別事ではない。形式戒法立って後のことである。

久しい間の鍛錬を積んで自ら自由を得たような古人の、たとえば「*絶学無為閑道人《ぜつがくむいかんどうじん》」というような語を聞いて、戒行不足の

---

**＊自在三昧**
自在は意のままに従わせる力。また意のままであること。三昧は心を静めて一つの対象に集中して心を散らさず乱さぬ状態。あるいはその状態にいたる修練。

**＊名教の中自ら楽地有り**
人倫の教え（徳教）の中には自ずから楽しい境地がある。名教は主として儒教を指している。

**＊醇乎として醇**
純正中の純正。全くまじりけがないこと。

**＊絶学無為閑道人**
仏法を学んで仏法を超越し、なにものにも心を捉われることのない自由人。

青二才がその皮相を猿真似《さるまね》するなどは、身のほど知らざるのみか、後世をあやまる大罪人である。

試みに師の戒法を仔細に点検すれば、我々はその周到な要心に感嘆して、自己の疎懶《そらん》*に深く慚愧の情を覚えざるを得ないであろう。

## 入道の心得とは

禅師は僧堂の人々にまず入道の心得を説いて、
道心ありて名利をなげすてん人入《い》るべし。いたずらにまことなからん者入るべからず。あやまりて入れりとも、考えて出《い》だすべし。知るべし道心ひそかに起《おこ》れば、名利たちどころに解脱するものなり。おおよそ大千界《だいせんかい》*のなかに正嫡《せいちゃく》*の付属まれなり。わがくに昔よりいま之を本源《ほんげん》とせん。後を

---

＊疎懶
ものぐさ。なげやり。

＊大千界
三千大千世界、大千世界の略。古代インド人の世界観による全宇宙。ありとあらゆる世界。

＊正嫡
正妻から生まれた嫡子。

「*重雲堂式」

憐みて今を重くすべし。

と誡めている。

入道するには、何より道心ありて名利を投げ棄てん人こそ入るべきである。いたずらに誠のないような者が入るべきではない。

独り出家に限らず、何の道にもこのことは肝要であるが、実際においてこれは至難のことである。

禅師も「*名利は一頭《いっとう》の大賊《たいぞく》」というておるように、社会のあらゆる高貴な事業が人間のこの名利心によってどれくらい賊《そこな》われているか知れない。

しかしそれもまことの心になって考えれば、畢竟人間が道そのものに帰一《きいつ》しないで世渡りの手段としているからである。

ゆえにことさら沙門はいわゆる「*塵外《じんがい》の人」で世渡り的観念を投げ棄てなければ、とうていまことの仏道に入ることはでき

---

**＊重雲堂式**

興聖寺《こうしょうじ》重雲堂式のこと。道元禅師が、宇治深草の興聖寺時代に、僧林で修業する者の生活規律について示した峻厳な訓戒。越前の永平寺時代の「衆寮箴規《しゅりょうしんぎ》」と共に禅林の生活規律として重んじられている。

**＊名利は一頭の大賊**

名利（名誉と利益）は仏となるべき我が身命を盗む大賊である、の意。

**＊「塵外の人」**

俗世間を超脱した人。

ないのである。

次に師は、かくの如き塵外の人々の道情を説いている。

堂中の衆は乳水の如くに和合して、互に道業を一興《いっこう》すべし。いまはしばらく*賓主《ひんしゅ》なりとも、のちにはながく仏祖なるべし。しかあれば即ちおのおの共に*あい難きにあいて、行い難きを行う誠の念いを忘るることなかれ。これを仏祖の身心という。かならず仏となり祖となる。すでに家を離れ里を離れ、*雲をたのみ水をたのむ。身をたすけ、道をたすけんこと、この衆の恩は父母にもすぐべし。父母はしばらく生死《しょうじ》のなかの親なり。この衆はながく仏道の友にてあるべし。

「重雲堂式」

観念してこれを読めば、真に涙を催す深情の語である。

---

＊賓主
　賓は客分・雲水など学人で問いを発し、主は主人・住持など師家で問いに答える、その間柄。

＊あい難きにあいて行い難きを行う
　次頁の衆寮箴規にある「難値難遇《なんちなんぐう》」と同意。容易に遇《あ》(値《あ》)うことのできない。

＊雲をたのみ水をたのむ
　出家した雲水として助け合う。

学人は皆俗心を去って、仏祖の身心を念とせねばならぬ。仏祖の身心とは、つまり道という永遠の立場に即して人々を見るのである。人間は刹那的な情欲に生きるがゆえに、反目や争闘があるのである。

師は「*永平寺衆寮箴規」にも説き示している。

寮中まさに大乗経並びに祖宗《そそう》の語句を看《み》、自ら古教照心《こきょうしょうしん》の家訓に合《がっ》すべし。先師衆に示して曰く、爾曾《なんじかつ》て遺教経を看しや。閤寮《こうりょう》の清衆各々父母兄弟骨肉師僧善知識の念に住し、相互に慈愛し自他顧憐《これん》し、潜《ひそか》に難値難遇《なんちなんぐう》の想いあらば、必ず和合和睦《わぼく》の顔を見ん。失語《しつご》有るが如くんば、当《まさ》に之を諫むべし。*垂誨《すいかい》有るが如くんば、当に之に順うべし。此れは是れ見聞の巨益なり。能く親近の大利《たいり》たるものか。苟《いやし》くも厚く善根《ぜんこん》を植えし良友に交わり、幸いに*住持三宝《じゅうじさんぼう》の境界を拝す。また慶快《けいかい》ならずや。俗家の兄弟すら猶お異族に

---

**＊永平寺衆寮箴規**
百二十二頁の重雲堂式の項参照。

**＊垂誨**
師が教えを下さること。

**＊住持三宝の境界**
この世に住んで悟りを開き導く者（仏）、その教え（法）、教えに従い修行する者（僧）の三宝を維持することによって得られる境地。

比せず。仏家の兄弟乃《すなわ》ち自己よりも親しむべし。黄竜南《おうりゅうなん》和尚曰く、孤舟《こしゅう》共に渡るすら尚お*夙因《しゅくいん》あり。*九夏《きゅうか》の同《どう》居《きょ》豈《あ》に*曩分《のうぶん》無からんや。須く知るべし一日暫《しばら》く賓主となるも、終身便《すなわ》ち是れ*仏祖《ぶっそ》ならん。

スピノザの語を借りていえば、学人は常に永遠の相において(Sub specie aeternitatis) 自他を見たいものである。否、観るようでなければならぬ。

永遠の相において観れば、たとえば星夜の天を仰いでみずから、副島蒼海伯《そえじまそうかい》の歌の如く、

*あやにあやに畏くもあるか
天地《あめつち》のみいづの中に立ちたるわれは

という尊厳な感に打たれるであろう。相共に桑門《そうもん》に入れば、

---

**＊夙因**　昔からの因縁。

**＊九夏の同居**　九十日の夏安居《なつあんご》で同居して集団生活し、修行に専念する。

**＊曩分**　昔からのさだめ。

**＊仏祖**　仏教の開祖の釈尊と、その宗の祖師。

**＊あやにあやに～**（大意）　何と何と畏れ多いことであろうか、天地宇宙の御稜威《みいつ》（威光）の只中に、この自分が生存しているということは。

「つまはしばらく賓主なりとも、のちにはながく仏祖なるべし」
という敬重《けいちょう》の情が湧くであろう。

私などが静かな夜、経書を繙いたり、古人の語録に対すると、時々茫々《ぼうぼう》たる宇宙に不可思議な生を享《う》けて、幸いにも文字を知ることができて、古教に接することができる。実に難値難遇の縁であるというような想いが迫って、粛然《しゅくぜん》として襟《えり》を正すことがある。

禅師が如浄老師に就かれた喜びを、

いま現在大宋国一百八十州の内外に山寺あり、人里の寺あり。その数*称計《しょうけい》すべからず。そのなかに雲水多し。しかあれども*先師古仏《せんしこぶつ》をみざるは多く、見たるは少なからん。況《いわ》んや言葉を見聞するは少分《しょうぶん》なるべし。況んや*相見問訊《そうけんもんじん》の輩《はい》多からんや。*堂奥《どうおう》を許さるる幾許《いくばく》もあらず。いかに況んや先師の皮肉骨髄*眼睛面目《がんせいめんもく》を礼拝することを聴許《ちょうきょ》されん

---

**＊称計すべからず**
いちいち数えあげることはできない。「称《あ》げて計《かぞ》うべからず」と表現されてきた。

**＊先師古仏**
正法を伝持した祖師。特に禅宗において重視された。

**＊相見問訊**
相見《あいまみ》えて（お眼にかかって）直接、教えを問い訊ねること。

**＊堂奥を許さる**
仏法・学問の奥義《おうぎ》・蘊奥《うんのう》を許される、の意。

**＊眼睛面目**
仏法の要点と全容。

や。

と書いておられるのは、さもこそと感涙を覚える。今の人々に、かかる師友の道の亡び去ったのは非常な不幸であると思う。かくの如く、法友互いに仏祖の身心になることを重んずるがゆえに、外貌《がいぼう》より人を見ることなどは最も忌《い》むべき所業である。

「永平寺衆寮箴規」に、

寮中清浄の大海衆、それ聖かそれ凡か、誰か測度《そくたく》するものならんや。然らば面を見て人を測るは痴の甚だしきなり。世尊の在世《ざいせ》すら尚盲目の比丘《びく》・牛飼《うしかい》の比丘ありて衆に交わる。況んや*像末《ぞうまつ》の澆運《ぎょううん》は唯だ結縁《けちえん》を貴ぶ。何ぞ人を軽んずるものならんや。*衣綴零落《いてつれいらく》し道具旧損《きゅうそん》するも、凡眼を以て観るべからず。これを忽《ゆるがせ》にすべからず。古来有道の人、衣服に華ならず。唯だ道具を実にす。卑族《ひぞく》軽んずべからず。

*像末の澆運　軽薄で道徳の衰えた時代。
*衣綴零落　衣服が欠損する意。

初学《しょがく》笑うべからず。縦《たと》え笑わるるとも*瞋恨《しんこん》するなかれ。況んやまた下々《しもじも》の人に*上々智《じょうじょうち》あり。上々の人に*没意智《ぼついち》あり。ただ*四河《しか》海に入りてまた本名無く、*四姓《しせい》出家して同じく釈氏を称せよとの仏語を念え。

と誡めている。興聖寺「重雲堂式」には、

他人の非に手がくべからず。憎む心にて人の非を観るべからず。*不見他非我是自然上敬下恭の昔の言葉あり。また人の非をならうべからず。わが徳を修すべし。仏も非を*制することあれども、憎めとには非ず。

孔子も「君子はその罪を悪んで、其人を悪まず」といい、また「君子は人の美を成すも、小人は人を悪者にしたがる」ものであると説いているが、いやしくも道に入ろうとする者は、常

---

**＊瞋恨**
いかりうらむ意。

**＊上々智**
生まれながらに知る者。

**＊没意智**
意思や智慧がないこと。

**＊四河**
宋の都・大梁に通じる四つの河。

**＊四姓**
古代インド社会の枠組みを示す四種姓。ブラーフマナ（司祭者）、クシャトリヤ（王族）、ヴァイシャ（庶民）、シュードラ（隷民）。

**＊不見他～下恭**
他の非を見ず。我は是れ自ら然り。上は敬し、下は恭す（他人の過失を見ず、自

にこの君子の心でなければならぬ。

## 養晦の心がけと賓主の礼

次に師の誡《かい》の重要なものは、師が仏々祖々より、なかんずく如浄禅師より伝えた禅門の心要たる*養晦《ようかい》の心がけと、光陰を空《くう》過《か》せぬ努力である。

「重雲堂式」に曰《い》う——

ありき（歩）を好むべからず。たとえ切要《せつよう》には一月に一度を許す。昔の人遠き山に住み、はるかなる林に行し、人事《じんじ》稀なるのみにあらず、万縁《ばんえん》とも棄つ。*韜光晦跡《とうこうかいせき》せし心をならうべし。いまは是れ*頭燃《とうねん》をはらう時なり。この時をもていたずらに世縁めぐらさむはなげかざらめや、なげかざらめやは。無常たのみがたし。知らず露命《ろめい》いかなる道の草に

---

分自身はありのままで、上の者を尊敬し、下の者には恭謙する）。

**＊制す**
諫め制止する。

**＊養晦**
人目につかぬようにして世に処し、自らの徳を養うこと。

**＊韜光晦跡**
才徳を隠して外に表さず、世を隠遁すること。

**＊頭燃をはらう**
俗事に煩わされないこと。

か落ちん。まことにあわれむべし。

「衆寮箴規」

寮中世間の事、名利の事、国土の治乱、供衆《きょうしゅう》の麁細《*そさい》を談話すべからず。これを無義の語、無益の語、雑穢《*ぞうえ》の語、無慚《むざん》愧《き》の語と名づく。固く之を制止す。聖を去ること遠し。導《どう》業《ごう》は未だ成らず。身命は無常にして光陰繋ぎ難し。然らば十方《じゅっぽう》の雲衲《*うんのう》専ら光陰を惜《おし》み、精進して、須らく頭燃を救うが如くすべし。努力せよ。閑談《かんだん》して空《むな》しく時節を過《すご》すこと勿《なか》れ。石頭《*せきとう》和尚曰く、謹んで参玄《*さんげん》の人に白《もう》す。光陰空しく度《わた》ること莫《なか》れ。

と誡めている。光を韜《つつ》み跡を晦《くら》ます心を、一般には冷やかに、もしくは衒った行為として反感をさえ抱いている人が多いが、

---

**＊麁細**　粗いこと、細かいこと。

**＊雑穢**　さまざまな汚れ。

**＊雲衲**　雲水僧。諸方に師を求めて行脚する禅の修行僧。

**＊石頭和尚**（七〇〇～七九〇）　石頭希遷。唐代の禅僧。『参同契』（曹洞宗で珍重される）を著す。

**＊参玄の人**　仏教の探究に携わる人。

そは真の韜光晦跡の意義を味識しないであろう。

韜光晦跡とは、要するに虚偽の生活を去って、純真なる自己に活《い》き、自己を充実させるためのやむを得ぬ道である。その古人の緊張した尊い心持ちを味わって、露命に許された永遠の光を発揮すべく、努力向上せよというのである。

隠れるということと工夫弁道*とは、必ず一致することであると信ずる。それにもかかわらず、祖師が務めて人を避け深山幽谷を求めた意味を解しないから、消極的な逃避であるとか、東洋流の衒気*《げんき》であるとかこれを貶《けな》すようになる。

宗教に限らず、一切の事業すべて皆その真に価値あり力あるものは、区々《くく》たる功名心や不純な野心を雑《まじ》えてできるものではない。かえって醇乎として醇なる自己幽潜《ゆうせん》より自然に発動して行なわれるものである。

隠れるということは怠《なま》けるということではない。世間の無意義な煩《わずら》いを断ち切って、無駄のない、そして悠々とした生活を

---

＊工夫弁道　坐禅に励み仏道を明らかにすること。

＊衒気　てらい高ぶる心。

実現することである。
少しく地位のある政治家や実業家たちの無暗《むやみ》に忙しがるのは、たいてい夜々無意味な宴会に出ることにすぎないものが多い。もしいささかでもこの養晦の心を味識すれば、事実その心《しん》功《こう》において、事業において、少なからぬ新しい力を涵養し得るであろう。
禅師はまた、僧堂生活において「賓主の礼」を厳かにしている。

大小のこと必ず堂主にふれて行うべし。堂主にふれずしてことを行わん人は堂を出だすべし。賓主の礼みだれば正偏《せいへん》あきらめがたし。
「重雲堂式」

「正偏あきらめがたし」とは、いわゆる洞山五位《とうざんごい》で、宇宙人生の実相を、*洞山大師《とうざんだいし》は五つの位を立てて観じている。

---

*洞山大師（八〇七〜八六九）　洞山良价《りょうかい》。唐代の禅僧。弟子の曹山と連称して曹洞宗の開祖と仰がれる。

（一）正中偏《せいちゅうへん》　平等の中の差別、一者に即した多、全体に統一せられた部分、本体に即した現象である。一般でいえば、等しく国家の干城《かんじょう》たる軍人として乗り組んでいる艦長とか水兵とかの差別である。

（二）偏中正《へんちゅうせい》　これはちょうど正中偏の逆の観方《みかた》で、現象によって本体を、部分から全体を、多に即して一を、差別の中に平等を観るのである。艦長とか水兵とかに別れていて、等しく陛下の軍人たる所以を悟るのが即ちこれである。

（三）正中来《せいちゅうらい》　前の二而《じ》一の原理に立って、正の精神を発揮するのが正中来である。軍人として常に遺憾《いかん》なきを期するのはその一例であろう。

（四）偏中至《へんちゅうし》　正中来に反して偏の意義を発揮するものである。艦長は艦長として、水兵は水兵としての本分を全うするのが偏中至である。

（五）兼中到《けんちゅうとう》　此れ至極の妙用であって、もはや正偏を具えてそのままに正偏を超脱した「無」の働きである。いよいよ死生の巷に臨んだ時の人々の活動を以て、これを髣髴《ほうふつ》することができるであろう。

主賓は即ち偏の位である。偏の位なくして「正」なく「兼」もない。主賓の礼は、畢竟正偏五位を尽くして、仏道の至極に到る機用《きよう》である。

この理を知らないために、人はしばしば自由平等の名のもとに悪平等の乱雑に陥る。近くは東洋大学の騒動など、学長も教授も学生も共に賓主の礼を存知せぬ最も醜悪な例であろう。特に東洋の宗教道徳を講究せる者の間に起こっているだけ、余計その醜怪の感を深くする。

---

＊感応道交
　仏教で、衆生の機根や信仰心が感となり、仏がこれに応えて、両者が一体と

## 円満なる戒行

かくて正偏の理を明《あき》らめ、仏祖の身心ということを味識してわが一挙手一投足にも宇宙と*感応道交《かんのうどうこう》あることを悟るところより、一挙手一投足をも*忽諸《ゆるがせ》にしないという崇高《すうこう》*端厳《たんげん》なる戒律を生ずる。

堂のうちにてはなたかくかみ、つばきたかくはくべからず。道業のいまだ通達せざることを悲しむべし。おのづから*少水《しょうすい》の魚の心あらむ。（「重雲堂式」）

さけに酔いて堂中に入るべからず。わすれてあやまらんは礼拝懺悔《ざんげ》すべし。また酒をとり入るべからず。*にらぎの臭して堂中に入るべからず。（同）

道俗を堂内に招きて衆を起動すべからず。近辺にても賓客

---

なって交感すること。

*忽諸
なおざり、ゆるがせ。たちまち。にわかが原意。諸は助字で、然と同じ。

*端厳
正しくおごそか。端正厳格の略。

*少水の魚
わずかしかない水の中の魚。生命が旦夕に迫っている状況の魚。

*にらぎの臭して
いわゆる「葷酒山門《くんしゅさんもん》に入るを許さず」（不浄なものや心をみだすものは、禅寺門内に入ることを許さない）。にらぎは、ネギやニラなどの臭の強い野菜。

どものいうこえたかくすべからず。ことさら修練自称して供養をむさぼることなかれ。ひさしく参学の志あらんか、あながちに巡礼のあらんはいるべし。そのときもかならず堂主にふるべし。　（同）

寮中高声に読《ど》経《きょう》吟詠《ぎんえい》して清衆を*喧動《けんどう》すべからず。又励声《れいせい》を掲げて*誦呪《じゅじゅ》すべからず。又数球を持して人に向うは是れ無礼なり。諸事須く穏便なるべし。　（「衆寮箴規」）

寮中他人の*案頭《あんとう》に到りて他人の*看読《かんどく》を顧視《こし》して自他の道行を妨ぐべからず。雲水の最も痛みとする所なり。　（同）

などと、その戒法行儀いちいち懇到を極めている。

万物を以て一体となし、一草一木にも大自然の心を観る禅者にあっては「飯を蒸しては鍋頭《かとう》を自頭と為し、米を淘《と》いでは水是れ身命なることを知る」ようでなければならぬ。「*放尿屙屎《ほうにょうあし》皆是れ*般若《はんにゃ》を行ずる」のである。

---

**＊喧動**
やかましく騒がす。

**＊誦呪**
陀羅尼《だらに》などを読誦すること。

**＊案頭**
机の上。机の傍。

**＊看読**
経典を読むこと。読書。

**＊放尿屙屎**
小便・大便。

**＊般若を行ずる**
般若（最高の智慧・真実）を実践する。

幾度もいうように、決して礼法を無視して放埒にふるまうのが、禅にいわゆる身心脱落・脱落身心ではない。了悟はあくまでも円満なる戒行になければならぬ。自ら楽しんで戒行を具するところに自由の真義がある。

禅と正反対に窮屈に誤解されているのは儒教であるが、儒者はこれに対して「名教之中自有楽地」と称し、名教の中にも自ずからまた愉快なところがあるというが、中にもではなくて、名教の中自ずから楽地があるのである。名教に即して始めて楽地があるのである。

ゆえに*周茂叔《しゅうもしゅく》は、常に弟子に教えて孔子・顔子*の楽しみとするところはどこにあるかを考えよといっている。名教の中自ずから楽地ありという心も、坐禅は*安楽法門《あんらくほうもん》なりという心も同趣であると思う。

---

**＊周茂叔**（一〇一七〜一〇七三）
宋代の理学の開祖。濂渓先生と称せられた。著作に『太極図説』『通書』。

**＊顔子**（B.C.五一三〜四八二）
顔回、字は子淵。孔子の弟子の中で最もすぐれ、徳行第一にあげられている。

**＊安楽法門**
道元禅師の『普勧坐禅儀』に「坐禅は則ち大安楽の法門なり」とある。

## 禅と武士との契合

かくして道元禅師の崇高自由なる道風、穏密《おんみつ》周到なる戒法は、争わずして深く時人を薫化《くんか》した。

永平寺は禅師の後に懐奘《えじょう》・義介《ぎかい》・＊義演《ぎえん》など相次いで法席《ほうせき》を盛んにし、＊詮慧《せんえ》は京都の永興寺《えいこうじ》に、申了然《しんりょうねん》は出羽玉泉寺《でわぎょくせんじ》に、あるいは義介・澄海《ちょうかい》らの加賀大乗寺《かがだいじょうじ》における、あるいは＊義尹《ぎいん》の肥後河尻大慈寺《ひごかわじりだいじじ》における、いずれも卓然として道風を揮《ふる》い、これに刺戟されて臨済禅も興隆《こうりゅう》し、あたかも元《げん》の侵略にあって宋の名僧の入国する者も多く、＊道隆《どうりゅう》・無学《むがく》など盛んに教化を張り、加うるに念仏宗、日蓮宗などの新興仏教の発展もあって、ここに日本仏教史上類稀な偉観を見るに到った。

そしてそれらは皆、なかんずく禅は、特に武士を主たる対象としたものであることは今さらいうまでもない。

---

＊**義演**（？～一三一四）
永平寺で道元禅師に謁し弟子となる。禅師入滅後、孤雲懐奘に参し、嗣となる。

＊**詮慧**
道元禅師に随従。後に永興寺を創建して師を第一世に請じた。

＊**義尹**（一二一七～一三〇〇）
寒巌義尹。後鳥羽帝皇子。宇治興聖寺で道元に謁し、禅師の北遊に随従してその法を嗣ぐ。

＊**道隆**（一二一三～一二七八）
蘭渓道隆《らんけいどうりゅう》。臨済宗の渡来僧。北条時頼に請われ建長寺開山となる。

禅と武士との契合は、今までたびたび暗示し論及した問題であるが、要するに第一は両者の呼吸の合致《がっち》である。

君のため、武のために、白刃《はくじん》を踏んで戦場を馳突《ちとつ》する武士と、懸崖《けんがい》に撒手《さんしゅ》して絶後に蘇る勇猛心を以て、いわゆる*教外別《きょうげべつ》伝《でん》・不立文字《ふりゅうもじ》《もんじ》、一切の煩瑣な形式を排して端的に道と*冥符《めいふ》しようとする禅者と、まさしく肝胆相照らし意気相許したのである。

次に当時の武士は、皆幾度か生死の境に出入りして深刻な経験を重ねている。

ただ彼らは、その尊い経験を活かす自覚がなかった。口に言わんとして言う能わず、心に悟らんとして悟る能わざる、あるものがあった。

その画竜に点睛し、*痒処《ようしょ》に爬着《はちゃく》したものが禅であった。

禅は彼らに*莫煩悩《ばくぼんのう》を教え、実在即一心なるを明らめ、眼前の転変《てんぺん》を指してその*「如夢幻泡影如露亦如電」を味識せしめた。

---

＊教外別伝不立文字
これに続く「直指人心《じきしにんしん》、見性成仏」の四句より成る。禅の定義を表す言葉。教説の外に、体験によって別に伝えるものこそ禅の真髄であり、経論の文字を離れてひたすら坐禅によって釈尊の悟りに直入する意。

＊冥符
深奥なところで合致する。

＊痒処に爬着
かゆい処を爪でかく。

＊莫煩悩
煩悩する莫《な》かれ。

＊如夢幻泡影如露亦如電
夢幻・泡影の如く、露や雷光の如く、無常迅速の譬え。

そして一切の皮相な執着を破って、彼らに正定《しょうじょう》を与えたのである。

たとえば北条時頼《ときより》の道崇入道《どうすうにゅうどう》を中心として、いかに多くの鎌倉武士が信を発したことであろう。

道元禅師・道隆《どうりゅう》禅師の如きがその導師であった。その他、北条時宗を鍛えた人に、無学和尚がある。

その頃また亀山・後宇多《ごうだ》両上皇と深契《しんけい》あった禅師に、*覚心《かくしん》和尚あることを看過することができない。亀山上皇の如き、和尚を城東勝林寺《じょうとうしょうりんじ》に招《しょう》じ、かつ皇居を以て禅刹《ぜんさつ》に擬《ぎ》せられたほどであった。

それから花園上皇の*大灯国師《だいとうこくし》における、後醍醐天皇の大灯国師、*明極楚俊《みんきそしゅん》和尚、*夢窓《むそう》国師における、足利尊氏《たかうじ》の桂萼《けいがく》和尚、夢窓国師における、あるいはまた楠木正成《まさしげ》と明極楚俊、藤原藤《ふじ》房《ふさ》と*関山《かんざん》国師、菊池武時《たけとき》と*大智《だいち》禅師など、深く心法を探ねた事蹟は枚挙《まいきょ》に遑《いとま》もないほどである。

---

**＊覚心和尚**（一二〇七～一二九八）
心地覚心《しんちかくしん》。臨済宗の高僧。紀州に西方寺を開山。俗世の名利を逃れた宗風が知られる。法灯禅師と勅諡《ちょくし》された。

**＊大灯国師**（一二八二～一三三七）
宗峰妙超の諡号。大徳寺の開山。

**＊明極楚俊**（一二六二～一三三六）
臨済宗の中国僧。六十九歳で来朝。後醍醐天皇の帰依を得て、摂津に廣厳寺を開く。

**＊夢窓国師**（一二七五～一三五一）

この際、注意すべきことは、藤氏・平氏の頽廃とともに、南都北嶺の仏法もまた堕落して、宗風《しゅうふう》鎌倉に盛え、鎌倉の政道やがて弛頽するとともに、宗風もまた、京都に復興した所以である。宗教は太平の産物などと思うは、もってのほかの愚見であろう。

鈴木正三《しょうさん》老人の語を以ていえば、洒落《しゃれ》仏法・脱殻《ぬけがら》坐禅が何の役に立つ？　生死巌頭《がんとう》に臨んだ時、一身を以て国難にあたった時、その他すべて人生の大事を了するが宗教であり、別して禅の眼目《がんもく》である。

この世はゆめにそうろうとて、今生《こんじょう》を棄てて後生《ごしょう》を祈る尊氏の心の切なるを知れ。深く禅に参じて「至善を共と作す」所以を明らめ楚俊禅師をして感歎せしめたという正成の工夫を味わえ。

時勢は今明らかに禅心を要求し、士魂を欲している。そしてこの二者とも共に、要は自心に参するに在る。

---

夢窓疎石《むそうそせき》。臨済宗の僧。南禅寺・円覚寺などの住持となる。天竜寺をはじめ多くの寺を開き、足利尊氏をはじめ朝野の帰依を一身に集め広く社会を教化した。

＊関山国師（一二七六～一三六〇）関山慧玄《かんざんえげん》。花園天皇が妙心寺を創建し、開山に迎えられた。

＊大智禅師（一二八九～一三六六）大智祖継。宋に留学して十余年、帰朝後、菊池武時の帰依を得て、肥後に聖護寺を建て、特に偈頌《げじゅ》に長じていた。

すでに士を論じて禅に及ぶ。ここにおいて、必然にまた剣道を論ぜねばならぬ。

# 第五講　宮本武蔵の剣道と心法

## 剣道の根柢とは

日本民族の特有とし、その誇りとするところ、あらゆる方面においてもとより少なくはないが、なかんずく武士によって大成されたわが剣道ほど、荘厳無比なる芸道は他のいずれの国にもあるまいと思う。

そは決して剣道を弄《ろう》する術ではない。自己を守り敵を制するための手段でもない。実に一剣によって人間の身心を*金剛不壊《こんごうふえ》に*打成《だじょう》すること、全霊を提《ひっさ》げて大自在《だいじざい》*三昧《ざんまい》の道境に到ること

*金剛不壊
金剛はダイヤモンドのことで堅固で破壊されず、貴重なことを譬える場合に用いる語。菩薩の心を堅固不壊の金剛石に譬えて、金剛不壊という。

*打成
打は、成《なす》という動詞を強める接頭語。鍛えあげて完成する意。

*三昧
心を静めて一つの対象に集中し心を散らさず乱れぬ状態。

である。

そのために武士は剣によって、儒といわず仏といわず神道といわず、一切の哲理を証悟し、これを体現したのである。

すでにその刀剣なるものが、単なる武器ではなくて、精霊の発現《はつげん》にほかならない。

かくの如き玄々《げんげん》微妙《みみょう》の剣道は、我が戦国より徳川初期にかけて大成したものであるが、それも畢竟過去二千年の歴史、別して鎌倉以後、武士の精神生活の発達によることを認めねばならない。

わが民族は古来生命を愛する。いかなる人間も生命を愛せぬ者はあるまいが、静かに観察すれば生命の愛も多趣多様である。盲目的に生を貪るのも一種の生命愛であろう。さまざまな官能的刺戟的によって生を享楽しようとするのも、やはり一種の生命愛であろう。

けれども我々のいわゆる生命愛は、そういう盲目的・官能的

＊塙団右衛門直之（一五六

のものではなくて、もっと純真な美的な性質のものである。それはせせこましい人間の意欲の執着を脱して、無我な天真《てんしん》な態度で自然の健《すこ》やかな生命の流れに涵《ひた》って活きようとする意味の生命愛である。

その愛は、たとえばわが民族の草木や花虫《かちゅう》や、その他自然に対する愛に現れている。

したがって、わが民族の特徴として大いに自由を愛好した。外面的・形式的生活の鉄鎖《てっさ》に縛られるようなことを著しく嫌うた。

戦国時代の武士などは、この点において最も溌溂たる活気を示している。*塙団右衛門直之《ばんだんえもんなおゆき》が*加藤嘉明《よしあき》の下に*跼蹐《きょくせき》している窮屈さに堪えられないとて、「終《つい》に江南野水《こうなんやすい》に住《とど》まらず。高く飛ぶ天地一閑鷗《いちかんおう》」と一聯《いちれん》を留《とど》めて、飄然として浪人したという話など、いかにもよく当時の士気を表している。

その生命を愛し、自由を尊ぶ清く明るき神《かん》ながらの心地に対

---

七～一六一五）
安土桃山時代の武将。はじめ織田信長に仕え、次いで加藤嘉明の鉄砲大将となる。関ヶ原の戦いの後、加藤家を去り、大坂の陣では大坂方として奮戦し戦死。

**＊加藤嘉明**（一五六三～一六三一）
安土桃山・江戸時代の武将。賤ヶ岳の戦いの七本槍の一人。関ヶ原の戦いでは東軍に属す。大名としては築城修理に功あり。

**＊跼蹐**
頭が天に触れるのを恐れ、背を曲げて歩き、地が窪むのを恐れ抜き足で歩く。

して、仏教の影響、ことに禅の感化などは、武士をして肉身の無常を深く感じさせ、道に生きる、意気に感ずる、義理に殉《じゅん》ずる等の覚悟を深くした。

尊氏が「この世はゆめにそうろう」と神仏に告白して、現世の名利を弟直義《ただよし》に譲り、自分の偏《ひと》えに道心を全うしようと念じたのもそれである。

あるいはまた正行《まさつら》の逸話にある。帝《みかど》より弁内侍《べんのないし》を賜わろうとして、「とても世に永《なが》らうべくもあらぬ身の仮の契《ちぎ》りをいかで結ばん」と、辞退したのも同じ心である。

前述の塙団右衛門や後藤又兵衛《またべえ》*や真田幸村《さなだゆきむら》らが、引く手あまたの食禄《しょくろく》に目もくれず、大坂方《がた》に馳《は》せ加わって一戦の快《かい》にその生命を擲《なげう》とうとしたのも、日本人に永久に快哉《かいさい》を叫ばす行為であろう。

彼らは飽食暖衣《ほうしょくだんい》*・逸居《いっきょ》して教えなき禽獣《きんじゅう》的生活を享楽するには、あまりに生命が高調《こうちょう》し、全人格が緊張していた。何かに

---

＊後藤又兵衛（一五六〇～一六一五）
戦国末・江戸初期の武将。黒田孝高・長政父子に仕え、文禄・慶長の役、関ヶ原の戦いに功をあげ、大坂の陣では秀頼に招かれ入城。夏の陣で戦死。

＊飽食暖衣
『孟子』滕文公《とうぶんこう》上篇に「人の道有るや、飽食煖衣、逸居して教無ければ則ち禽獣に近し」とある章句をふまえた表現。

その全霊を罩《こ》めなければ生きがいがなかった。

その魂を彼らは腰間《ようかん》に帯《たい》する三尺の秋水《しゅうすい》に吹きこみ、そのいわゆる「武士の魂」を提げて、荘厳なる人間打成を試みた。

剣道を要するに一種の運動競技、もしくはやむを得ぬ生活手段から出た単なる技術のように考えるのは、笑うべき愚見といわねばならぬ。

## その術域

「剣道」なる語は、もとよりかくの如き幽玄なる精神的意味を含めた語であるが、本来はこれを「兵法」という。兵という字が元来戦士を意味するとともに、さらにつ、わ、も、の、即ち戎器《じゅうき》を示し、引いてこれを以て人と斃《たお》すことを意味する。

ゆえに兵法は当然、兵器の存在とともに生じたものに相違ないが、兵法を進んで人格活動に結びつけた者は、一般に飯篠《いいざさ》

*秋水
くもりなく光る刀。「三尺の秋水」の慣用句がある。

*飯篠長威斎（一三八七～一四八八）
室町後期の剣術家。香取神宮に参籠し荒行をして槍刀の術を自得、天真正伝香取神道流を開創した。

長《ちょう》威《い》斎《さい》であるといわれている。彼は鹿島《かしま》・香取《かとり》の両神に祈願を罩めて、その感応によって神道流を開いたと伝えらるる人である。

爾来《じらい》、戦国を通じて主な兵法の流派は、*愛洲惟孝《あいすこれたか》の陰流《かげりゅう》、上《かみ》泉《いずみ》伊勢守《いせのかみ》の新陰流、*中条兵庫助《ちゅうじょうひょうごのすけ》の中条流であろう。有名な一刀流はこの中条流から、柳生《やぎゅう》流は上泉流から出ている。

これらの流派の人々は、いずれも皆その兵法を以て生命とし、家人《かじん》や弟子を連れて、できるだけ各地を周遊し、その間に工夫鍛錬を積んで兵法の大成《たいせい》を志したものである。

このいわゆる武者修行は禅家《ぜんけ》の雲水とともに、我々の忘れることのできない古人の尊い修養であると思う。そして禅道において雲水を重んずるように、各地の大名豪族らはこの武者修行を非常に尊んで、心が合えば高禄《こうろく》を与えてこれを引き留め、そうでなければ厚くこれをねぎらって送ったものである。

彼らはこの間に、気の向くままに放浪《ほうろう》した。大坂の役《えき》に入城

---

**＊愛洲惟孝**（一四五二～一五三八）
室町時代の剣術家。陰流の開祖。陰流の系統は上泉信綱の新陰流や柳生新陰流に継がれ、多くの有力な流派を生んだ。

**＊中条兵庫助**（?～一三八四）
室町時代の剣術家。中条流の開祖。中条流は槍・長刀も含めた総合武術。

した勇士も、必ずしも皆故太閤《こたいこう》の恩義を思うて加担したのではない。むしろ彼らの多数にとっては絶好の武者修行であったのである。

そこで彼らの少なからぬものが、落城とともに四散《しさん》した。徳川初期を通じて幕府の恐れたのは、これらの浪士が名を義挙《ぎきょ》に借《か》って、その夜泣《よな》きする腕だめしの機を覘《ねら》うことである。

宮本武蔵は、この武士の最も溌溂たる精神を発揮した戦国時代、天正十二（一五八四）年の三月に美作国《みまさかのくに》吉野郡宮本村に生まれた。

由緒《ゆいしょ》をいえば播州《ばんしゅう》赤松氏の系統で、平田姓を名乗ったのであるが、祖父の代に美作の竹山《たけやま》に住み新免藩《しんめんはん》に仕え、新免宗貫《むねつら》*に重用せられてその姓を賜わり、のち父の代になって同国の宮本村に退き、したがって姓を改めて宮本を用いたのである。

父は無二斎《むにさい》宮本武仁正家《たけひとまさいえ》といって、やはり豪勇《ごうゆう》の武士であった。通常、彼を宮本武蔵正名《むさしまさな》（玄信《げんしん》）と呼んでいるが、父から

---

＊新免宗貫（?〜一六一九）　美作吉野郡竹山城主。伊賀守。関ヶ原で敗れた後は、黒田長政に召し抱えられた。

推して考えれば、彼は宮本武蔵《たけぞう》正名（玄信）であろうと思う。幼名を弁之助《べんのすけ》といった。

彼はさすが豪勇の父にも手に負《お》えぬ腕白《わんぱく》で、とうとう九歳の時家を飛び出して、播州にいる叔父の寺へ出奔《しゅっぽん》した。

そしてこの寺にいる間に、天成《てんせい》の勇猛に加えてしきりに兵法の工夫を積み、十三歳の時、早くも新当流の有馬喜兵衛《ありまきへえ》という武芸者を倒している。

ついで十六の年、但馬《たじま》の秋山という剛力《ごうりき》の武士と試合をして勝った。

その翌年、関ケ原の戦争が始まった。飛雲急なりと見てか、彼の父も彼を呼び返したのであろう。主家《しゅか》の新免氏はやがて浮《うき》田秀家《たひでいえ》の配下として出陣した。十七歳の彼も軍にしたがって、敗戦後、一藩一家ことごとく離散《りさん》するとともに九州に放浪した。

その後二十一の年、京都に上ってしきりに方々《ほうぼう》の武芸者と勝負するけれども、一度も敗れたことがなく、二十八、九頃までに実に六十余度の勝負を試みて勝ち続けた。

なかんずく彼が二十九の年、慶長十七（一六一三）年四月、豊前船島《ぶぜんふなじま》で佐々木小次郎《こじろう》と戦ったのが最も有名である。一は死《し》生《せい》の境に出入《しゅつにゅう》して鍛錬された武蔵の挙止《きょし》を観るためと、さらにまたこれも名誉の武士であった佐々木小次郎の冤《えん》を雪《そそ》ぐために、この時の真相をいささか伝えておこう。

佐々木小次郎は巌流《がんりゅう》と号し、武蔵の父を暗打《やみう》ちして逃げた卑怯者のように俗間《ぞっかん》に伝えられているが、それは明白にとんでもない謬説《びゅうせつ》である。

小次郎は中条流に名高き富田《とだ》一家の*勢源《せいげん》入道の高弟で、師の免許を得てから諸国を修行して大いに武名を揚《あ》げ、ついに自ら巌流という一派を開き、廻《まわ》り廻って豊前小倉《こくら》に着き、ここで藩主*細川忠興《ただおき》の礼遇《れいぐう》を受けて藩士に稽古をつけていた。たまたまそこへ宮本武蔵が西下《さいか》して落ち合ったので、自然両雄《りょうゆう》の間に腕を較《くら》べねばならないようになったのである。

---

＊**勢源入道**（一五二〇？〜一五九〇？）
富田《とだ》勢源。中条流六代目。眼病のため家督を弟の景政に譲り、出家して勢源と号した。

＊**細川忠興**（一五六三〜一六四六）
江戸前期の小藩主。藤孝（幽斎）の長男。妻は明智光秀の娘玉子（細川ガラシア）。秀吉のもとでも治績をあげたが、その死後は家康に従い、関ヶ原の戦いでは戦功により豊前一国、豊後二郡三十九万石に封ぜられ、小倉城を築いた。

『二天記《にてんき》』*によれば、武蔵が京都にいて小次郎の勇名を聞き、腕試《うでだめ》しにはるばる京都から父の弟子であった細川家の老臣長岡《ながおか》佐渡《さど》を頼って行ったように書かれている。

俗伝では、巌流に「燕返《つばめがえ》し」という秘術があって、これは小次郎がある日、柳枝《りゅうし》を掠《かす》めて飛ぶ燕を観て、豁然《かつぜん》として悟入した剣法であるといわれている。

この話はいかにも我々の気合《きあい》に投ずる趣味深い伝説であるが、武蔵研究家は一様《いちよう》に皆これを否定している。そして巌流の秘術は燕返しではなくて、『撃剣叢談《げっけんそうだん》』*にあるように「虎切《とらきり》」である。

これは別に「一心一刀」ともいって、大太刀《おおだち》を真向《まっこう》に拝み打ちにするように構えて、つかつかと進み、敵の鼻先を眼付《めつけ》にして、やにわに平地まで打ち込む。あるいは打つなりに屈《かが》んでいて、上より打つところを担ぎあげて勝つのである。

因州《いんしゅう》鳥取《とっとり》に小谷新右衛門《こたにしんえもん》という者も、やはりこの流であっ

---

＊『二天記』
武蔵の弟子たちの談話を集めた武蔵伝。二刀流を学んだ豊田正剛が記録した。

＊撃剣叢談
岡村藩士・源徳修が見聞した剣術各流の概要をまとめた書。天保一四年（一八四三）刊。五巻。

たと説かれているが、これを燕返しといってもまたしっくり契合するように思われる。あるいは剣客が、自己の趣味から燕返しとも虎切ともいったのではあるまいか。

とにかく両雄の出会いによって、慶長十七（一六一二）年四月十三日、いよいよ小倉沖の船島で、双方の*贔屓立《ひいきだ》て、または見物など堅く禁止するという触《ふ》れのもとに勝負することになった。

そして小次郎は藩主忠興の船で、武蔵は家老佐渡の船で護送されることになった。わざわざ船島を択《えら》んだことや、見物・贔屓立て禁止の触れによっても、当事者の心づかいが察せられる。

武蔵は武蔵でまたこの勝負のために、藩主と家老との間に妙な感情の衝突でも起こるとすまないと考えて、彼は当日、佐渡の船で渡ることは遠慮したいと考えた。

ちょうど前日の十二日、改めて正式に明日《みょうにち》*辰《たつ》の上刻《じょうこく》、佐渡の船で渡るよう申し渡された時、彼は委細領承《いさいりょうしょう》しておいて、

---

＊贔屓立て
後援者の立ち合い。

＊辰の上刻
辰の刻は今の午前七時頃から九時頃の間に当たる。この二時間を三等分して、上・中・下刻といった。

その夜フイと姿を消した。

さあ後では大騒ぎである。さすがの彼もいざとなって怯気《おじけ》がさしたのだろうと、中にはしきりに悪口《あっこう》するものもある。

佐渡も気が気でなく、だんだん人を派《は》して調べてみると、彼は対岸下関《たいがんしものせき》の船問屋《ふなどんや》の座敷に悠然《ゆうぜん》と坐っていた。

そして使いの者に一書を持たして、佐渡に挨拶した。


明日試合の儀《ぎ》には私事*其許様御船《そこもとさまおんふね》にて向島《むこうじま》に可被遣旨《つかわさるべきむね》仰《おお》せ聞けられ*重畳御心遣《ちょうじょうおんこころづか》いの段忝《かたじけな》く存じ奉《たてまつ》り候。然れども此度《このたび》私と小次郎とは敵対《てきたい》の者にて御座候《ござそうろう》。然るに小次郎は忠興様御船にて遣《つかわ》され、私は其許様御船にて被遣《つかわされ》候旨《そうろうむね》に御座候処《ところ》、御主人に対せられ*如何敷《いかがわしく》存じ奉り候。私には御構《おかまい》不被成《なされず》候《そうらい》て可然《しかるべく》存じ奉り候。此段御直《このだんおんじき》に可申上《もうしあぐべき》と存じ候え共、御承引被成間敷《ごしょういんなさるまじく》存じ候に付態々《つきわざわざ》不申上候間《もうしあげずそうろうあいだ》、*爰元《ここもと》へ参り居申候《おりもうしそうろう》。御船の儀は幾重《いくえ》にも

---

*其許様
あなたさま。丁寧な第二人称。
*重畳
かさねがさねの意。
*如何敷
いかがなものでございましょうの意。
*爰元
自分、わたくしども。

御断り申上候。明朝は爰元船にて向島へ渡候事《わたりそうろうこと》少しも差支《さしつかえ》無御座《ござなく》候。能《よ》き時分参り可申候間、左様《さよう》に可被思召《おぼしめさるべく》候《そうろう》。以上

この武蔵の念の届いた挨拶のため、なるほどというので自然、藩主の船で小次郎を護送することも*沙汰やみとなった。

かくて翌日、彼は平然として起き出で、大事の決闘をも他人《ひと》事《ごと》のように、ゆるゆる朝飯を食い終って、亭主から一挺《いっちょう》の櫂《かい》を取り寄せ、それを四尺余りの木刀《ぼくとう》に削り、火のつくような渡海《とかい》の催促に少しも動ぜず、身軽《みがる》に出でたって、たった一人の船頭《せんどう》に舟を漕《こ》がして約束の時刻に船島に着いた。

着くと彼は*腿立《ももだ》ち高くとって脇差《わきざし》を帯《たい》し、大木刀《おおきだち》を提《さ》げて、素足《すあし》のままひらりと渚《なぎさ》に下り、手拭《てぬぐ》いを取って鉢巻《はちまき》をし、ゆうゆうと歩《ほ》を運んだ。

先刻から待ちかねた小次郎は大いに焦って、武蔵をめがけて

＊沙汰やみ
予定の中止。とりやめ。

＊腿立ち
袴の左右上部の腰の側面に当たる開いた部分。動きやすくするために腿立ちをつまみあげて腰の紐《ひも》にはさむことを、腿立ちをとるという。

憤然《ふんぜん》と歩み寄り、遅いぞ遅いぞと声高《こわだか》に罵るのを、武蔵はなおも聞こえぬふりしてゆっくりと歩を運ぶ。

堪えかねた小次郎は、やにわに太刀の鞘《さや》を投げ棄《す》てて、つかつかと進み寄って武蔵を待つ。

武蔵はにっこり笑みを含んで、小次郎、お前は負けるぞと声かけた。

何！と気色《けしき》ばむ小次郎に、それが分からぬか。鞘を棄てたが負ける証拠だと、さらに一矢を放った。

烈火の如く怒《いか》った小次郎が、虎切の一刀電光の如く斬《き》りこむが速いか、すでに武蔵の木刀は*発矢《はっし》と小次郎の眉間を打った

打たれて撞《どう》と倒れながらに払った小次郎の一刀は、武蔵の裳《も》裾《すそ》を三寸ほどぱっと斬り裂いたが、同時に打ち下《おろ》した武蔵の木刀に彼はしたたか横腹《よこはら》を打たれて、血を吐いて絶息《ぜっそく》した。

武蔵は小次郎の死活をうかがうこと少時《しばし》、やがて検使に向かって一礼し、そのまま元の舟に乗って下関に引き上げた。

---

＊発矢
強く打ち付ける擬声音。

この時、彼が小次郎の止《とど》めを刺さなかったことを後になっていろいろ取り沙汰するものもあったが、武蔵はいった。止めを刺すということは怨敵《おんてき》の所作《しょさ》である。我と彼とはただ兵法を較べただけであるから、勝って後まで止めを刺す理由はないと。隅《すみ》から隅まで行き届いた心づかいである。

その翌々年、有名な大坂の役*が勃発《ぼっぱつ》した。彼もこの時、大坂方に加わって、その武勇をほしいままにした。

小倉碑文《ひぶん》にも「或《あるい》は摂州《せっしゅう》大坂秀頼公兵乱《ひでよりこうへいらん》の時に於《おい》て武蔵の勇功佳名《ゆうこうかめい》たとえ海の口渓《くちたに》*の舌有るもなんぞ説き尽《つく》さん簡略して之を記《しる》さず」といい、武蔵自身も「若年《じゃくねん》より軍陣に出で候事、都合六度にて候。其中《そのうち》四度《たび》は其の場に於て拙者《せっしゃ》より先を駈け候者一人も無之候《これなくそうろう》」（坂崎内膳宛口上書《さかざきないぜんあてこうじょうしょ》*）と述べている。これなどは講談家が空想をほしいままにする絶好の舞台であろう。

---

**＊大坂の役**
覇権を握った徳川家康が二度にわたって大坂城を攻めて豊臣氏を滅ぼした戦い。一六一四年の「冬の陣」と翌年の「夏の陣」をいう。

**＊海の口渓の舌**
海のごとく広大で、渓流のように流暢な弁舌。

**＊坂崎内膳**
藩主細川忠利の側近の家臣。この口上書は『二天記』に記されている。

## その道域

しかしながら、この頃に至る十数年は武蔵にとっては、未だ真に剣道、即ち剣の哲理を体認したものではなかった。

彼自身、その名著『五輪書《ごりんのしょ》』*巻頭の序文に述べている。

我若年の昔より兵法の道に心をかけ、十三歳にして初めて勝負を為す。其の相手新当流の有馬喜兵衛という兵法者に打勝ち、十六歳にして但馬国《たじまのくに》秋山《あきやま》という強力《ごうりき》の兵法者に打勝ち、二十一歳にして都に上り、天下の兵法者に逢いて数度の勝負を決すといえども勝利を得ずということなし。其の後国々所々《くにぐにしょしょ》に至り、諸流の兵法者に行き逢い六十余度まで勝負すといえども一度も其の利を失わず。其の程年十三より二十八九までのことなり。三十を越えて跡を思い見る

---

＊『五輪書』
宮本武蔵著の武道書。地・水・火・風・空の五巻より成っている。厳しい剣法修業によって究め得た兵法の奥義を述べている。一六四四年頃成る。

に、兵法至極して勝つには非ず。おのずから道の器用ありて天理を離れざるが故か、又は他流の兵法不足ある所にや。その後猶も深き道理を得んと、朝鍛夕錬《ちょうたんせきれん》してみれば、おのずから兵法の道に合うこと我五十歳の頃なり。

即ち三十以後の彼は、「剣術」よりむしろ「剣道」を深めたのである。それとともに一刀より進んで、彼独特の二刀を使うようになった。これは幼少のみぎり、父より十手《じって》を学んだことにその端緒《たんちょ》を有するようである。

三十から五十過ぎまで二十余年の間、即ち徳川の初期を通じて、彼の足跡は中国近畿より尾州《びしゅう》、関東、奥羽とずいぶん広く及んでいる。

名古屋では*徳川義直《よしなお》に召されて、大いに武勇を顕《あら》わし、滞留中に竹村玄利《まさとし》、林資龍《すけたつ》、八田知義《はったともよし》らを薫陶して実相円明《じっそうえんめい》・二天一流を広めた。

---

＊徳川義直（一六〇一～一六五〇）
江戸初期の尾張藩主。家康の九男。御三家筆頭の始祖。

この頃、尾州藩に*柳生宗厳《むねよし》の嫡孫《ちゃくそん》で柳生兵庫《ひょうごのすけ》利厳《としよし》という人傑がおった。この人は二十五の時、上泉伊勢守より免許皆伝を得て、かたわら深く禅にも参し、十九ですでに加藤清正《きよまさ》に懇《こん》望《もう》せられて三千石《ごく》で抱えられたという。とにかくよほどの人物であったらしい。

武蔵が名古屋に来た当座、ある日、途《みち》で一人の立派な武士のいかにも身の構え・眼の配り普通ではない人に出会《しゅっかい》した。彼は久しぶりで活きた人を見かけたといって、もしやあなたは音《おと》に名高い柳生兵庫殿にござらぬかと問うたところが、果たしてそうであったという話がある。

後年、彼の養嗣《ようし》となって、乃父《だいふ》に劣らぬ武勇を発揮した*宮本伊織《いおり》（八五郎）は、彼が奥州放浪中に拾い出された者で、これについては小説よりも奇なる一場《いちじょう》の物語がある。

ある年武蔵が常陸《ひたち》より出羽に入って、正法寺原《しょうほうじはら》にさしかかった時、十三、四の童児《どうじ》が小桶《こおけ》に泥鰌《どじょう》を入れて路傍《ろぼう》にたたずんで

---

＊柳生宗厳（一五二九〜一六〇六）
戦国時代後期の剣術家。上泉信綱の新陰流正統第二代。宗矩の父。晩年は石舟斎と号した。

＊宮本伊織
武蔵の養子。名は八五郎、伊織と号した。小倉小笠原藩家老となった。

おった。

武蔵はこれを見て、それを少し分けてくれぬかと頼むと、その子はみんなやろうという。

いや、今夜のお菜《さい》にするだけあればよいと断るにもかかわらず、その子は面倒臭いからみんな持って行ってくれとて、桶ぐち渡してさっさと行ってしまった。

その夜武蔵は宿に寝て、明《あ》くる日原を通ったところが、ゆけどもゆけども草茫々《ぼうぼう》として人家《じんか》の影もなく、そのうち日さえ暮れかかって来たので大いに困っていると、遙か向こうの山陰にちらと灯火《ともしび》の光を発見した。

彼はこれに力を得て急いでそこに近づくと、果たして一軒のあばら家があって、案内にしたがって一人の子供が現われた。それが思いがけなくも、昨日泥鰌をくれた子供であった。

子供は武蔵を炉辺《ろばた》に招じて柴茶《しばちゃ》を煮て出す。その態度、風采《ふうさい》何となく凡骨《ぼんこつ》*ではない。

---

＊凡骨
平凡な生まれつき。凡人。

不審に思って武蔵もいろいろ素性《すじょう》を尋ねると、彼はもと正法寺村の者であったが、父とともにこの野原に移住した。そのうち父母も皆歿《な》くなって、今は独りぼっちで暮らしているということであった。

そして子供はぼろぼろの粟飯《あわめし》を武蔵に勧め、早く休むように言い置いて、自分は次の間《ま》に下《さが》った。

炉辺にごろ寝した武蔵は、なかなか寝つかれない。いったい何者で、何をして暮らしているのであろうといろいろなことを考えていると、夜半《やはん》にどうも次の間で刀を研《と》ぐ音がする。

さては山賊《さんぞく》の住家《すみか》か、一つ逆に胆《きも》を試してやろうと思って、武蔵が大きく欠伸《あくび》をすると、子供は次の間から眠れぬかと声をかけた。

どうも刀を研ぐような音が耳に障《さわ》ってよく眠れぬと、暗《あん》に探りを入れると、子供はあざ笑って、何だ強そうなお武士だが、臆病者だな、よし刀を持ったからとて、子供の腕で何ができるかとずけずけやりこめるところ、実に大胆である。

それではいったいどうして刃物を研ぐのかと尋ねると、いや実は昨日父親が死んだ。それで後ろの山の亡母の墓へ一緒に埋めようと思うが、子供の手には負えぬから、父の死体を半分に切って、*一荷《いっか》の荷物にして運ぶ心意《つもり》であるといった。

武蔵も驚いて、そんな乱暴なことをしなくても、わしが手伝ってやろうと、ついに二人してその死骸を埋葬《まいそう》した。

この子供を見込んで彼が薫陶し、自ら小倉藩主小笠原忠真*に推挙したのが即ち伊織である。

のち寛永十一（一六三四）年九月二十二日、吹上御殿《ふきあげごてん》で挙行された全国の名人試合に出て、有名な荒木又右衛門《あらきまたえもん》と相打ちしたのはこの伊織にほかならない。

武蔵はまた江戸付近に滞在して、静かに坐禅瞑想したと見える。葛飾《かつしか》の藤原に、彼の庵室や護身仏《ごしんぶつ》が残っているそうである。

そのうちに徳川幕府も家康より秀忠・家光と代が移って、士

---

＊一荷　天秤棒の両端につるして肩負《しょ》えるほどの分量。

＊小笠原忠真（一五九六〜一六六七）　江戸前期の大名。小倉藩主。徳川家康の外孫。島原の乱に出兵後、長崎警備の指揮を命ぜられ、九州支配の要となった。

風もようやく戦国の剛健な緊張味を失い、いずれも皆食禄のうちに老いる傾向が著しくなった。

その間にあって、この烈士の眼に頼もしく映ったのは、ほかならぬ将軍家光であった。

家光もまた彼の勇名を聴いて、その時すでに将軍家には柳生流が入っていたので、思慮深い武蔵はわざと家光の懇命《こんめい》を辞退し、屛風《びょうぶ》に鮮やかな画を描いて献上した。彼は剣道より引いて書に画に彫刻に、それぞれ自ら一家をなしていた。

それから彼は思い出の深い小倉に下り、しばらく小笠原忠真の客分《きゃくぶん》になって、島原の乱にも従軍し、滞留七年ののち伊織を残して、自身は飄然として熊本に立った。

熊本の細川藩は彼にとって、佐々木小次郎との勝負以来、君臣の間に知己《ちき》も多く、かつ尚武《しょうぶ》の気風のなお未だ盛んなところである。彼を知ること深き藩主忠利《ただとし》は彼を客分として迎え、十七人扶持《ぶち》三百石を給して優遇した。

この時代、即ち彼の五十七から四、五年程の間に、武蔵は少なからぬ高弟《こうてい》を養うことができた。寺尾孫之丞《てらおまごのじょう》、同求馬之助《くめのすけ》兄弟、古橋惣左衛門《ふるはしそうざえもん》、都甲太兵衛《とごうたへえ》などがそのもっともなる者である。

太守《たいしゅ》もまた熱心な弟子の一人であった。そして太守のために、彼は独り剣道の師のみならず、戦術においても、一般政治についても好個《こうこ》の顧問であった。

荻角兵衛昌国《おぎかくべえまさくに》の『武蔵論』に

或人《あるひと》問うて曰く、新免武蔵は名高き兵法者にて御座候えどもお客分にして御物頭列《おんものがしらなみ》の御取扱《おんとりあつかい》にて御擬作《おんぎさく》三千石下し置かるると申候。中々《なかなか》重き御取扱にて御座候わずや。角《かく》曰く武蔵は世の兵法者にては無御座候《ござなくそうろう》。当時第一等の聡明《そうめい》の士にて、即ち*妙恵沢庵《みょうえたくあん》が別面に出でたる者にて御座候。夫故妙解公《それゆえみょうげこう》（忠利）の御明鑑《ごめいかん》、其の器量を重んぜられ候て内々御政道《ないないごせいどう》の御相談相手に召置《めしお》かせられ候者にて、中々他

---

＊妙恵沢庵（一五七三〜一六四六）
江戸初期の臨済宗の僧。名は宗彭《そうほう》。沢庵は道号。後に徳川家光の帰依を受け、品川東海寺の開山となった。『不動智神妙録』は著名。

の芸能の士の御取扱いにては御座無く候。

と書いている。

二十余年・六十余度に及ぶ身命《しんみょう》を賭しての工夫鍛錬に、さらに二十余年の放浪において、剣を執《と》って心法の妙を極めた武蔵の晩年は、実に荘厳無比なるものがあった。

そして彼自らありのままに述べているように、五十以来は「尋ね入るべき道なくして光陰を送る。兵法の利にまかせて諸芸諸能の道となせば、万事に於いて我に師匠なし」という大自任《だいじにん》を以て、茶に書に画に彫刻に連歌《れんが》に独歩《どっぽ》の妙を現わした。

かくて彼も五十八を迎えた寛永十八（一六四一）年二月の初め、忠利の所望《しょもう》によって、彼はその兵法の眼目三十五ヶ条を認めて御覧に供した。

しかるに、彼のために一代の知己であった忠利は、その月十七日、急に病《やまい》革《あらたま》って他界した。

＊鍾子期《しょうしきし》死して伯牙《はくが》は琴を絶った。武蔵たるもの感慨なからざるを得ない。

彼もすでに老いて手足次第に自由を失い、自ら余命いくばくもないことを覚《さと》って、ここに自己の尊い体験を永遠に書き留めておくために、畢生《ひっせい》の大著述を思い立った。

熊本城の西一里ばかり、山谿幽邃《さんけいゆうすい》なる勝地《しょうち》に岩戸山霊巌洞《いわどやまれいがんどう》という、洞内百人を容れ得《い》るような幽窟《ゆうくつ》がある。彼は平生この奇《き》勝《しょう》を愛して、暇があると、ここに来て読書坐禅に耽《ふけ》っていた。

ちょうど寛永二十（一六四三）年十月の初め頃から、思索いよいよ熟したと見えて、彼は人知れずここに籠って、その一代の心血を注いだ『五輪書』の著述に着手した。

その序文に曰く、

兵法の道二天一流と号し、数年鍛錬の事初めて書物に書き顕さんと思う。時に寛永二十年十月上旬の頃、九州肥後の

---

＊鍾子期死して伯牙は琴を絶った
春秋時代の故事。琴の名人・伯牙は、自分の琴の音色を知り尽くした心友・鍾子期の死後、琴を破り絃を絶って生涯、演奏しなかった。知音とは、このような心友を意味した語。

地岩戸山に上り、天を拝し観音を礼《らい》し仏前に向い、生国播《しょうこくはり》磨《ま》の武士新免武蔵守、藤原玄信年つもりて六十。我若年の昔より兵法の道に心をかけ、十三歳にして初めて勝負を為す。其の相手新当流の有馬喜兵衛という兵法者に打勝ち、十六歳にして但馬国秋山という強力の兵法者に打勝ち、二十一歳にして都に上り、天下の兵法者に逢いて数度の勝負を決すといえども勝利を得ずということなし。其の後国々所々に至り、諸流の兵法者に行き逢い六十余度まで勝負すといえども一度も其の利を失わず。其の程年十三より二十八九までのことなり。三十を越えて跡を思い見るに、兵法至極して勝つには非ず。おのずから道の器用ありて天理を離れざるが故か、又は他流の兵法不足ある所にや。その後猶も深き道理を得んと、朝鍛夕錬して見れば、おのずから兵法の道に合うこと我五十歳の頃なり。それより以来は尋ね入るべき道なくして光陰を送る。兵法の利にまかせて諸芸諸能の道となせば、万事に於て我に師匠なし。今この書を作るといえども、仏法儒道の古語をも借らず、軍記軍法の古きことも用いず、此の一流の見立《みたて》、実《じつ》の心をあらわすこと、天道と観世音《かんぜおん》とを鏡として、十月十日の夜寅《とら》の一点に筆を把《と》りて書き初《そ》むるものなり。

かくて*筆硯《ひっけん》に親しむこと二年、病日々に重《おも》って、ついに臨《りん》終《じゅう》の近くにあるべきを悟った彼は、正保《しょうほう》二（一六四五）年四月十三日、藩の老臣長岡式部《しきぶ》、長岡監物《けんもつ》、沢村宇右衛門《さわむらうえもん》へ宛てて、

わざわざ各様《おのおのさま》まで書附御《かきつけおん》ことわり申候。かねて病気に御座候処、殊《こと》に当春煩い申候て以来、別《べっ》して手足立ち難く罷成《なり》候。此前《このまえ》拙者年久しく病気故御《ゆえおん》知行《ちぎょう》の望みなど仕《つかまつ》らず罷在《あり》候。先越中様《せんえっちゅうさま》も御兵法数寄《すき》なされ候故、一流の見立申《みたてもうし》上《あげ》たく存じ、ほぼ兵法御手筋御合点《てすじごがってん》なされ候時分、是非無

＊筆硯　筆と硯《すずり》。文章を書き記すこと。執筆。

き仕合《しあわ》せ本位を失い申候。兵法の利方《ききかた》も書付上げ申すべき旨御意《むねぎょい》候えども、書付迄《まで》に御合点如何敷《いかがしく》存じ、下書《したがき》ばかり調べ差上げ、兵法新しく見立候事、儒者・仏者の古語、軍法の古沙汰《こざた》をも用いず、只一流を心得、利方《ききかた》の思いを以て諸芸諸能の道にも存じ、おおかた世界の理に於て明らかに得道《とくどう》候えども、世に逢い申さざる体《てい》無念に存じ候。今まで世間兵法にて身過《みす》ぎ候様《そうろうよう》に存じ候。右様《みぎよう》の事は真の兵法の病に成り申候事に御座候。今申す処、末《すえ》の世に拙者一人の儀は古今の名人に候えば、奥意相伝《おくいあいつた》え申すべく候処、手足少しも叶い申さず候。当年ばかりの命も計《はか》り難く候えば、一日なりとも山居仕《さんきょつかまつ》り、死期の体、世上《せじょう》へ対し蟄居《ちっきょ》候事に仰せ付けられ候様にお執《と》りなし下さるべく候。以上。

という一書を送って、霊巌洞に入定《にゅうじょう》してしまった。

けれどもいよいよそうなると、藩中いろいろ不穏な取り沙汰も起こり、かつは門弟《もんてい》知友《ちゆう》の情義として、もとよりそれを見過ごされるものでもなく、長岡式部をはじめとして、やかましく彼に帰邸を勧められるために、とうとう彼も千葉城内の自邸に帰って病床に臥した。

そして門弟知友の手厚い看護のうちに、五月十二日病いよいよ革まって、静かに生涯の自誡《じかい》十九箇条を手書《しゅしょ》して眠るが如く往生した。享年六十二歳。

＊莫逆《ばくげき》の道友《どうゆう》であった泰勝寺《たいしょうじ》の春山《しゅんざん》和尚自ら引導《いんどう》して、彼の遺言通りに甲冑《かっちゅう》に身を固め、熊本の東弓削《ひがしゆげ》に葬った。

私は次に、その『五輪書』『自誡書』等によって、類稀な英霊漢《えいれいかん》の思想鍛錬を調べようと思う。

（註）『五輪書』については、その門人の擬作《ぎさく》であろうという説もあるが、私は＊左袒《さたん》することができない。それらについては別の機会に譲る。

---

＊莫逆
互いに心に逆らう莫しの意。深く信頼し合った間柄。

＊左袒
左片肌を脱ぐこと。同意し味方すること。『史記』呂后本紀に見える故事による。

## 「独行道」十九箇条

幼少のみぎり父の許《もと》を去ってから生涯を通じて、敢て一流の兵法者に就《つ》かず、儒門を叩《たた》かず、禅家の炉鞴《*ろび》に入らず、ひたすら一剣によって、生死巌頭《がんとう》を去来し、ついに心法の妙を極めて、真に独立自由の荘厳なる人格を鍛え上げた二天宮本武蔵が、死に臨んで弟子のために書き残した「独行道」十九箇条こそは、凜乎《*りんこ》として秋霜烈日《しゅうそうれつじつ》の如く、寸毫《*すんごう》も我々に惰気《だき》を恕《ゆる》さない。

一、世々《よよ》の道に背《そむ》くことなし。

ただ猫の眼の如く移り変わる風俗習慣の流れの中に萍《うきぐさ》のように漂うて、新を真と心得ている者は浅露《*せんろ》である。達人は万古《*ばんこ》の心を思う。

---

＊炉鞴
鍛冶工の銅鉄等を鍛錬するために用いる炉と風を起こすフイゴのこと。師家が禅の学人を陶冶する手段の喩え。

＊凜乎
寒さのきびしいさま。心身がひきしまっていて犯しがたいさま。

＊寸毫
わずか。少し。

＊浅露
浅くむきだしである。

＊万古
永久。悠久。

二、よろず*依估《えこ》の心なし。
三、身に楽《らく》をたくまず。
四、一生の間欲心《よくしん》なし。
五、*我事《わがこと》に於て後悔せず。
六、善悪につき他を妬《ねた》まず。
七、何《いずれ》の道にも別れを悲しまず。
八、自他ともに恨みかこつ心なし。
九、恋慕《れんぼ》の思いなし。
十、物事に数寄《すき》好《この》みなし。
十一、居宅《きょたく》に望みなし。
十二、身一つに美食を好《この》まず。
十三、我身《わがみ》にとり物を忌《い》むことなし。
十四、旧《ふる》き道具を所持せず。
十五、兵具《へいぐ》は格別、余の道具を嗜《たしな》まず。

---

*依估
えこひいき。一方にひいきすること。

*我事に於て
二説の読み方があり、意味が異なってくる。一説は、「我事《わがこと》に於て」、他の一説は、「我《われ》、事《こと》に於て」。

十六、道に当りて死を厭《いと》わず。
十七、老後財宝所領《しょりょう》に心なし。
十八、神仏を尊《とうと》み、神仏を頼《たの》まず。
十九、心常《つね》に兵法の道を離れず。

これ確かに武蔵が兵法によって証悟することができた「自由」の道境《どうきょう》である。

自由とは決して「世々の道に背く」ことではない。「身に楽をたくむ」ことでもない。「一生の間欲心」をほしいままにすることでもない。いわゆる「恋慕」に生きることでもない。

これらの境地は皆、自己が何ものかに執着して生きるものである。物欲の罠にもがくことである。もがけばもがくほど、我を縛る鉄鎖は深く身に喰《く》い入る。自由はかくの如き鉄鎖を金剛力《こんごうりき》もて断ち切り、*陥穽《かんせい》から跳《おど》り出て、頂天立地《ちょうてんりっち》・独立独歩するにある。

＊陥穽　おとし穴。人を陥れるたくらみ。

「何の道にも別れを悲しまず」。ただ天理を諦観し、これに随《ずい》順《じゅん》する。禅家にいわゆる縁に随《したが》って*放曠《ほうこう》し、性《せい》に任せて逍遥《しょうよう》すという意味も、同調である。

これに対して我々は、自らのあまりに未練の多いこと、いわゆる*拖泥帯水《たでいたいすい》に顰蹙《ひんしゅく》せざるを得ない。

「恋慕の思いなし」の一句に至っては、ひとえに官能的頽廃、肉欲的享楽を逐《お》う現代人にとって、冷厳《れいげん》近寄る能わざるものがあるであろう。

「道に当たりて死を厭わず」、「神仏を尊み、神仏を頼まず」という心、これ明らかに荘厳なる士魂である。

現代人は自らこの士魂を滅ぼしてしまった。あらゆる不安、焦躁、錯誤がここから煙のように湧く。その教祖から、仏の弘《ぐ》*誓《ぜい》をあてにして煩悩我欲をほしいままにするは、よくよくこの世の厭わしからず、身の悪しきをも知らぬものと*喝破《かっぱ》せられた無間地獄の他力信者や、自己の空疎《くうそ》を棚に上げて、その器でも

＊縁に随って
　唐代の禅僧。天皇道悟《てんおうどうご》の偈「性に任せて逍遥し、縁に随って放曠《ほうこう》す、ただ凡心を尽くすのみ。別の勝解《しょうげ》無し」をふまえた表現。

＊拖泥帯水
「泥水をかぶる」の意。禅門で、あれこれと文句を言うことを斥けていう言葉。

＊弘誓
　衆生を弘く救おうとする仏・菩薩の弘大な誓願。

＊喝破
　大声で他の言を説き破ること。邪説を排し真理を説き明かすこと。

ないのに経綸《けいりん》に任ずるものなどは、これに対して深い反省がなければならぬと思う。

最後を結ぶ「心常に兵法の道を離れず」の一句、そのいわゆる兵法の道を、次にいささか解説しよう。

天保年間、二天一流の正統として重きをなしていた浅井栄広《あさいひでひろ》の二天一流の修業心得にも、「武蔵一流の儀は平日に気をおさめ、天理に違い申さざる処、則ち極意にて、兵法の道理に叶い申す儀、自然の妙用なり」とあるように、兵法の道は畢竟心に帰するがゆえに、私もここでは武蔵の『五輪書』を、もっぱらその根柢たる三十五箇条*により、心法の指摘を主張として簡潔に記述するつもりである。

## 『五輪書』と二天一流の眼目

彼の『五輪書』は、五輪という字が明示しているように、

---

＊三十五箇条
一六四一年、武蔵が細川忠利に献上した「兵法三十五箇条」。『五輪書』の根柢になった箇条書き。

地《ち》・水《すい》・火《か》・風《ふう》・空《くう》の五巻より成り立っている。

彼のいわゆる「剣術一通りにしては、まことの道を得がたし」で、ただ剣を振り廻すだけでは道でない。道の根本観念を立てるために兵法の道の大体、彼一流の見立を書いたものが、即ち地の巻《まき》である。

次に心を水に寓《ぐう》して、水が方円《ほうえん》の器に随い、一滴となり、また滄海《そうかい》となるように、「剣術の理をさだかに見分け、一人の敵に自由に勝つ時は世界の人に皆勝つ」所以を書き記したのが、水の巻である。

火の巻では、「火は大小となり、けやけき心あるによって、合戦のこと」が書かれている。

第四の風の巻では、他流のこと、彼の言葉でいえば「世の中の兵法、その流々《りゅうりゅう》のこと」を書き載せている。

彼は確かに独行道の勇者であり、独自の道を歩んだ人であるが、それは決して狭い我見《がけん》にばかり執着して、他を顧みなかった人ではない。他流を観察することもまた、おのずから精細なるものがある。

何でもないことのようで、ここに達人と天狗《てんぐ》との雲泥《うんでい》の相違が窺《うかが》われる。

第五は空の巻であるが、ここに至っては、彼の「何をか奥といい、何をか口といわん。道理を得ては道理を離れ、兵法の道におのれと自由ありて、おのれと奇特をなす。時にあいては拍《ひょう》子《し》を知り、おのずから打ち、おのずから当る。是れ皆空の道なり。おのずと実の道に入ることを空の巻にして書きとどむるものなり」という解説に尽きているであろう。

兵法者の中には、『五輪書』が実に懇到に文字を尽くして兵法の道を説けるに対し、むしろ言筌《げんせん》に堕し、真を離るること遠きものであるとて、これを貶すものもあるが、もとより至極の妙理は思議《しぎ》言説《げんせつ》を絶したものであり、ただちに大事を称揚するためとあれば、まさしく口を開くことも筆を下すこともできない。

わずかに心を以て心に伝えるか、偈頌《げじゅ》を拈弄《ねんろう》されるぐらいのものであろうが、その心を以て仮に文字言説を立てることにも、また無量の大慈悲心《だいじひしん》がある。

我々は武蔵の『五輪書』を繙く前に、まずどうして彼がこれを書くに至ったかの動機を、改めて深く考える必要がある。

それは彼の序文を読み、家老に与えた手紙を読み、さらに『五輪書』地の巻の始めを読んだだけで、すでに充分明白といわねばなるまい。

先にも述べたように、兵法の道は兵器、なかんずく武士の魂たる刀を以て荘厳自由なる人格を打開し、小は一人の敵に勝つことより、大は天下を治むる道に通ずる尊いものであるが、士道の堕落とともに武蔵の志と違い、次第にその兵法を売り物にし始め、遊戯的に弄ぶようになった時代の悪風潮に対して、彼の道心が発した深刻な義憤《ぎふん》、それこそ最も直接かつ強烈な動機

---

*偈頌　仏の教えや仏・菩薩の徳を称えるのに詩句の体裁で述べたもの。悟境を韻文の体裁で述べたもの。
*拈弄　もてあそぶ。

である。
彼は時風を罵って、

世の中を見るに、諸芸を売物《うりもの》にしたて、我が身を売物のように思い、諸道具につけても、売物に拵《こしら》ゆる心、花実《かじつ》の二つにして花よりも実の少《すくな》きところなり。とりわけこの兵法の道に色を飾り花を咲かせて術を衒い、或は一道場、或は二道場などといって、此《この》道を教え、此道を習いて利を得んと思うこと、誰かいう生兵法《なまびょうほう》大きづのもと、まことなるべし。

と喝破している。諸事売り物の現代にも、何という痛砭《つうへん》*であろう。
彼のこの義憤に感じて『五輪書』を詳述すれば、一大書巻を著《あら》わさねばならぬ。けれどもこれを圧縮すれば、彼が細川忠利

---

＊痛砭　痛切に戒めること。痛い石ばり。

に献じた三十五箇条に帰することができる。

二天一流の特徴は「二刀を用うる」にある。二刀を用うる所以は、要するに太刀を左右いずれの手にも取り習わせんためにほかならない。

たいていの者は左の手が利《き》かないが、それでは軍陣・馬上・川沼・細道・石原・人ごみ駆けはしり、左に武具を持った時は非常に困らねばならぬ。太刀もまた取り習えば力が出て、初めは重く覚えても、のちには自由になるものである。

その二刀を用うる理由に次いで、彼は「兵法の道見立処の事」を記し、この道を「大分の兵法と一身の兵法」と、つまり大小に分かち、道は両者に通ずるものなることを説いて、「兵法の仕立様《したてよう》、総体一同にして余るところなく、不《ふ》強《きょう》不《ふ》弱《じゃく》、頭より足の裏までひとしく心をくばり片つりなき様《よう》に」仕立てねばならぬとしている。

次は「太刀の取りよう」である。太刀取りの主眼は、小指を緊《し》めるにある。これに生き手と死に手とがある。

　構える時、うける時、留める時などに、切ることを忘れて居《い》つく手、こわばる手、これを死に手という。生き手とは、つまり固まらずのびのびしていて、機に臨み変に応じて自在にはたらくべきものである。手首もその通り、膝も伸び過ぎず、かがみ過ぎず、いかなる場合も常を失ってはならない。

　そこで「身のかかり」である。彼はいう、「身のなり、顔はうつむかず、余り*あおのかず。肩は*ささず、ひずまず、胸を出さずして腹を出し、腰を屈《かが》めず、膝を固めず、身を真向にして*はだかり広く見するものなり。常住兵法の身、兵法常の身ということ能《よ》く能く吟味あるべし」と。

　これを読んで、我々はほとんど坐禅儀を読んでいる感がするではないか。ことに常住兵法の身、兵法常の身の言葉は、まさしく身心脱落・脱落身心と同工異曲といわねばならぬ。

　姿勢ができれば今度は「足ぶみ」である。足づかいの眼目は、

---

*あおのかず
仰向けにならず。
*ささず、ひずまず
鎖（閉）ざさず、歪《ひず》めず。閉じたり曲げたりしない意。
*はだかり
たちはだかるさま。手足を拡げて、前をふさぐように立つ様子。

大小遅速《ちそく》はもちろんあることとして、平素《へいそ》のままの歩み方を失わぬにある。

飛足《とびあし》、浮足《うきあし》、踏《ふ》み据《す》うる足、抜く足、おくれ先だつ足、これらは皆、足づかいに禁物である。いかなる難所も平気で常のまま歩むようでなければならぬ。かかる常の足を、彼はまた陰陽の足といっている。

それから「目のつけかた」に心せねばならぬ。これはだいたい先方の顔につけて、常の眼より少々細目《ほそめ》に開き、目の玉を動かさず、敵あいが近づいても、常に遠くを見る目を変えてはならぬ。さすれば敵のわざは申すに及ばず、両脇まで見えるものである。

いったい目にも（イ）観《かん》の目（ロ）見《けん》の目（ハ）敵に知らする目などがある。いい換えれば、心眼《しんがん》と肉眼と誘いの眼である。

観の目は心で照破《しょうは》する目で、肉眼よりはいっそう深玄《しんげん》な作用を有する。敵に知らする目は肉眼を操《あやつ》って、敵の心眼を迷わす作用である。意思のはたらく目である。

この観の目は強く、見の目は弱く見ねばならぬ。意は目につくが、心はつかぬものである。

諸流では「*間《ま》づもり」ということがかなりやかましいが、敵と我との間隔を定めるということなどは、要するに我に臆病なこだわりがあるからで、慣れて来れば独りでに決まるものである。

元来自分の太刀が人に当たるほどの時は、人の太刀も自分に当たるものと思わねばならぬ。人を打とうと思えば、自己を忘れてかからねば駄目である。

したがって万事に「心持ち」が肝要である。心の持ちように意のこころと心のこころと区別して考えられる。

意のこころとは、つまり意志の状態である。心のこころとは、それよりさらに一段高いところの渾然《こんぜん》たる無我《むが》の活動である。儒にいわゆる*中《ちゅう》である。彼のいわゆる「心を水にして折にふれ

---

**＊間づもり**
間隔のみつもり。間隔の程度、間隔の前以ての計算。

**＊中**
中庸。中正。

事に応ずる心」である。

『五輪書』水の巻に、

「兵法の道に於て、心の持ち様は常の心から変る事なかれ。常にも兵法の時にも少しも変らぬ様にして、心を広く直《すぐ》にし、緊張せず弛緩せず、心偏らぬ様、心をまん中に置きて、心を静かにゆるがせて、そのゆるぎの刹那もゆるぎ止まぬ様に、よくよく吟味を要する。静かなる時も心は静かならず、何とはやき時も心は少しもはやからず、心は体につれず、体は心につれず、心に用心して、身は用心せず、心のたらぬ事なくして心を少しもあまらさず、上の心は弱くとも、底の心は強く、心を見分けられぬ様にして、小身《しょうしん》なる者は大きなる事を残らず知り、大身《たいしん》なる者は心に小さきことをよく知って、大身も小身も心を直にして我身の贔屓をせぬ様に心を持つこと肝要であると説いている。

この意のこころと心のこころとについて、彼はまた残心と放心を説いている。太刀を取って敵に対する時は、意の心を放って心のこころを残すべきものであるが、また敵を確かに打つ時は、心のこころを放って、意のこころを残さねばならぬ。

次に「構え」である。構に上・中・下・右脇・左脇の五位がある。けれども構えに執着するは、ひがごとである。そういう静止の意味における構えなどは、敵のない時のことであろう。

元来構えるという意味は、人にしかけられても動ぜぬ心あるをいうので、兵法勝負の道では何ごとも先手《せんて》、先手と心がけることである。構えるという心は先手を持つ心である。

たとえば湛然《たんぜん》たる水が岩に遇《あ》うて激《げき》し、崖に遭《あ》うて飛ぶように、機に臨み、変に応じて*無礙《むげ》自在のはたらきをなすべき位《くらい》が構えであって、中を、無を、神を具象化したものというべきで

---

*無礙自在
とらわれがなく自由自在なること。障害のないこと。

ある。

それをまた彼は、有構《うこう》・無構《むこう》の語を以て説明している。有構は即ち＊形而上《けいじじょう》的観察、無構は＊形而下的観察で、畢竟有無を超越した渾然たる一つの活動が構えの妙理である。

彼はまた「いとがねと云うこと」を説いている。つまり我心をいとにし、かねにして、相手の強弱・弛張《しちょう》・曲直《きょくちょく》を計るの意味である。

禅家に「心を明鏡止水となす」というものにほかならぬ。そのいとがねの心が、おのずから機変を悟るを「＊景気を知る」という。

それから大切なことに「太刀の道」がある。すべて百姓にはおのずから鋤鍬《すきくわ》の持ち方があり、船頭には櫓櫂《ろかい》の使い方がある。それと同じく太刀のふり方を会得《えとく》せぬと、敵を打っても力も入らず、能く当たらぬものである。

「打ちと当たり」とは違う。兵法は真の打ちを錬《ね》らねばならぬ。

---

**＊形而上**
形式を離れたもの。抽象的なもの。現象を超越し、またはその背後に在るものの真の本質。

**＊形而下**
形をそなえるもの。時間・空間のうちに形をとって現れるもの。自然一般・感性的現象。

**＊景気**
けはい。ありさま。

その真の打ちをなすのに「三つの先《せん》」ということを証悟することが肝要である。三つの先とは、(イ)我より敵にかかる時の先で、これを懸《かかり》の先という。(ロ)敵より我にかかる際の先、これを待《まち》の先という。(ハ)我もかかり、敵もかかり合う時の先で、これを体々《たいたい》の先という。

懸の先は、常に敵を受け身に立たす正攻法である。これに対して待の先は、敵の出鼻《でばな》を挫《くじ》くのである。体々の先は、敵が勢いこんで打ちかかる時は、我はこれに対して静かに底力を以てかかり、敵が柔らかにかかる時は、我れ短兵急《たんぺいきゅう》にかかり、敵の色めくに乗じて、ずんと強く打って取ることである。「三つの受《うけ》」とは、つまりこの理を逆説したものにほかならない。

このために「剣を踏む」ということがなければならぬ。それは敵の打つ太刀の落ちるところを、ぐっと我が足なり刀なり心なりで踏むのである。そして先をかけると、必ず勝つことができる。

また、敵の「陰陽の影」を御《ぎょ》することが大切である。敵の虚《きょ》を抑えて敵の気を乱し、敵の実《じつ》を圧迫して敵を苦悶せしめる。いわば先をかける一つの道である。

それについて、彼はまた「弦《つる》をはずす」ということ、「お櫛《ぐし》のおしえ」ということを説いている。

弦をはずすというは敵に拍子抜けさすこころで、お櫛のおしえとは、あたかも櫛で髪の結《むす》ぼれを解くように、敵の思《おも》わくをちゃんちゃんと呑みこんでみせて、敵に策の施《ほどこ》す術《すべ》を知らないようにする。

次に「拍子の間を知る」という大切なことがある。およそ万事に拍子はすこぶる機微《きび》の問題であるが、武蔵も

「物毎につき拍子はあるものなれども、とりわけ兵法の拍子、鍛錬なくては及び難き所なり。………武芸の道に渉《わた》り

て弓を射《い》、鉄砲を放ち、馬に乗ること迄も拍子調子は有り。諸芸諸能に至りても、拍子を背くことはあるべからず。又空《くう》なる事に於ても拍子は有り。武士の身の上にして、奉公をし上ぐる拍子、しさぐる拍子、*筈《はず》の合う、筈のちがう拍子あり。或は商《あきない》の道、分限《ぶんげん》になる拍子、分限にても其の絶ゆる拍子、道々につけて拍子の相違あることなり。物毎《ごと》の栄《さか》ゆる拍子、衰《おとろ》うる拍子、能くよく分別すべし。………兵法の拍子に於ても様々あることなり。先ず合う拍子を知って、ちがう拍子を弁え、大小遅速の拍子の中にも、当る拍子を知り、間《ま》の拍子を知り、背く拍子を知ること兵法の専《せん》なり。此の背く拍子を弁え得ずしては兵法たしかならざることなり。兵法の戦《いくさ》に其の敵々の拍子を知り、敵の思い寄らざる拍子を以て空の拍子を智慧の拍子より発して勝つところなり」

---

*筈　当然のこと、道理。わけ。約束。予定。

と述べている。

その拍子を作用の上から考えると、一拍子の打《うち》、二のこしの打、無念無想《むねんむそう》の打、流水の打などが出てくる。

一拍子は、敵の無をこちらの無で一気に打つのである。同じく無とはいえ、こちらは充実の極致の無であるが、向こうは空疎の無である。即ち太刀を引こうとも、はずそうとも、打とうとも、何を思う暇もない敵の隙《すき》を颯《さっ》と打つのである。

それにひきかえ、我が打つ気勢を悟って、敵の緊張するところを、ひょいとはずして、いわゆる弦をはずして、敵の拍子抜けしたところを颯と打つ、これが二のこしの拍子である。

無念無想の打とは敵の打ち出す機とこっちの打ち出す機とぶつかった時、普通は互いに少しく動ずるものであるが、その時こっちがいかにも無念無想で、虚空《こくう》を渡る長風《ちょうふう》の如く無礙《むげ》に強く打つ太刀である。

流水の打は競合《せりあい》になった時、敵がはずそう引こうと焦るところについて、あたかも流れの後から後からと無限に押し流れるように大きく強く打つ太刀をいう。

その拍子で「縁のあたり」を弁えねばならぬ。敵の太刀によって、あるいは我が太刀ではることもあり、受けることもあり、当たることもある。

しかしそのはるなり、受けるなり、当たるなりを膠着的《こうちゃくてき》に考えてはならぬ。はるも、受けるも皆敵を打つ太刀の縁である。打つという常住能動《じょうじゅうのうどう》の心を失ってはならぬ。これは構えの理から推しても明らかであろう。

要するに、拍子は湛然たる心の無礙自由な活動の枢機《すうき》*枢機である。形の上の早業《はやわざ》ばかりに目をくれてはならぬ。武蔵の説くところには不尽《ふじん》の妙味がある。

はやきということは、物毎の拍子の間に合わざるによってはやき遅きという心なり。其の道上手になりては、はやく

---

＊枢機　物事の極めて重要なところ。肝要・かなめ。

見えざるものなり。たとえ人に早道といって、四十里《り》五十里行く者もあり。これも朝より晩まではやく走るにては無し。

道のぶかん（歩きべたの意）なるものは、一日走る様なれども、はかゆかざるものなり。乱舞の道に、上手のうたう謡《うた》に下手のつけて謡えば、後《おく》るる心ありていそがしきものなり。また鼓太鼓《つづみだいこ》に老松《おいまつ》をうつに、静かなる位なれども、下手はこれにもおくれ先だつ心あり。高砂《たかさご》は急なる位なれども、はやきということ悪しし。はやきはこけると云って間に合わず、勿論《もちろん》おそきも悪し。これも上手のすることは緩々《ゆるゆる》と見えて間《ま》の抜けざる所なり。諸事《しょじ》しつけたる者のすることはいそがしく見えざるものなり。この譬《たとえ》を以て道の理を知るべし。

彼はまた「枕のおさえ」ということを説いている。敵太刀《てきだち》打ち出そうとする気《き》ざしを受け、打とうと思うところの頭を、太刀で、身で、あるいは心でおさえる。いわゆる陰陽の影を御するものである。

これに熟達すると「将卒《しょうそつ》のおしえ」といって、大将が士卒《しそつ》を動かすように註文通りに敵を泳がすこともできる。

二天一流の眼目として、彼はまた「巌《いわお》の身」ということをやかましくいっている。

三十五箇条に「岩尾《いわお》の身というは、うごく事なくして強く大なる心なり。身におのずから万理《ばんり》を得て、つきせぬ処なれば、生ある者は皆よくする心あるなり。無心の草木迄も根ざし難し。ふる雨吹く風もおなじ心なれば、此の身よくよく吟味あるべし」とあるように、これは兵法鍛錬の極《きょく》、身におのずから万理を得て無限の力を体得し、強大不動の姿にあるを意味する。

*曾国藩《そうこくはん》のいわゆる「身体は則ち鼎《かなえ》の鎮《ちん》する如く、神明《しんめい》は則ち日の昇るが如し」である（註）。

---

**＊曾国藩**（一八一一～一八七二）

清の政治家。儒将。字は伯涵、号は滌生、諡《おくりな》は文正。湖南湘郷の人。太平天国の乱平定に湘軍（義勇軍の湘勇）を率いて活躍。李鴻章と並び活躍した。同治中興で『曾文正公全集』『曾文正公手書日記』の著作がある。

しかも如上の縦説横説《じゅうせつおうせつ》、真を尽くそうと思えば、要するに空といい無というほかはない。「万理一空《いっくう》のこと自ら工夫すべきもの」である。

『五輪書』にいわゆる「空といい出すよりしては、何をか奥といい、何をか口といわん。道理を得ては道理を離れ、兵法の道におのれと自由ありて、おのれと奇特をなす。時にあいては拍子を知り、おのずから打ちおのずから当る。是れ皆空の道」である。

（註）この巌の身ということにつれて、彼が熊本に来て、数ある藩士の中から一見してその材力を看破した都甲太兵衛は、彼及び太守から武道の心得を尋ねられて、考一考《こういっこう》ののち、自分は平生「据物《*すえもの》の心得」になっていた。自分は据物でいつでも討《う》たれるもの、それをまた平気で討たれる心持ち、即ち真に据物の心になる、それを修業しておったと答えた話がある。剣

＊据物
一定の場所に動かさないように置かれた物。

道にいわゆる巌の身とて、我々の心一つで容易に達しうるものである。

かくして武蔵は剣術より進んで、兵法の道に入り、道にあたって死を厭わず、道に始終《しじゅう》して煩悩を排脱《はいだつ》し、六十余年の生涯において、ついに類稀な荘厳自由の身心を練り上げた。彼において私は、真に日本武士の典型を認めることができると思う。

そしてまた彼は、正しく現代の我々にも、進むべき道を明瞭に開拓してくれた巨人なることを信ずる。彼の生涯を観じ、彼の工夫行道《ぎょうどう》を尋ねることは、現代の頽廃せる人々をも断じて向上せしめずにはおかないであろう。

# 第六講　山鹿素行の士道論

## 士の理想精神とは

従前の諸講において、私は、士とはいかなる者をさしていうか——士道の眼目《がんもく》はどこにあるか等《とう》の根本問題を論じてきた。

孟子も士と民とを区別しておる通り、士は民衆と違って、恒《こう》産《さん》なくても恒心ある者である。

もっと詳しくいえば単なる生存欲——衣食住やその他、人間一通りの欲望にのみ生きる者ではなくてこれらの欲望を統一し教化してゆくところの理想に生きる者、ショーペンハウエル*の

＊ショーペンハウエル（一七八八～一八六〇）ポーランド生まれのドイツ哲学者。ベルリン大学で教える。主著『意志と表象としての世界』。人間の意志の役割を強調した。

いわゆる＊Wille zum Lebenの主体ではなく、近代の教養ある人々が斉《ひと》しく唱えている＊Wille zum Kurturlebenの主体である。

そしてかくの如き士の理想精神は、決して空想であってはならぬ。

文弱《ぶんじゃく》の徒《と》がかつて――今もまたしかり――抱いたような、現実に確乎《かっこ》たる＊鉄脚《てっきゃく》を印《いん》せぬ夢のような理想ではなくて、現実を通じて体現し、欲求せられる真の人格的要求でなければならぬ。

日本人は、この生きた理想を欲求する上において、讃歎《さんたん》すべき偉大なる能力を有《も》っている。

たとえば、前講に述べた剣道や茶や花における古人の苦心などを考えるのがよい。私は口先ばかりの人道主義や、自由論者をたくさん持つ近代文化人種より、始めの講に述べた親鸞や道元、あるいはまた剣道のために、神をだに頼まなかった武蔵のような、若干の人を持つ祖先の日本を懐《なつか》しむ者である。

黄金や粉飾《ふんしょく》や＊巧言令色がなければ世渡りはおろか、恋愛もで

---

**＊Wille zum Leben**
ドイツ語で、貪生意志。生命をむさぼって生き延びようとする意志。単なる生存欲。衣食住などの物の上に生きる者の意志。

**＊Wille zum Kurturleben**
化育意志。生成化育する造化の意を体し、精神的に生きようとする意志。衣食住などの欲望を統一し教化する理想に生きる者の意志。

**＊鉄脚を印せぬ**
鉄のように強固な足跡を残さないの意。

**＊巧言令色**
『論語』学而篇に「巧言令色は、鮮《すく》ないかな仁」とある。ことさらに言葉を巧

きぬ資本主義的（あるいはいわゆる文化的）理想より、農夫は農夫、百姓は百姓、武士は武士としておのおのその道を発揮した理想がどれほど尊いことであろう。

この意味において今一度、第二講中の「八正道」や第四講中の「正偏五位」の理を考えていただきたい。

士はかくの如き真の理想に基づいて、「*かくすればかくなるものと知りながら、やむにやまれぬ大和魂」で、その理想をまっしぐらに進まねばならぬ。

他力念仏の法門の本領はいかに。そは徹底した凡夫観《ぼんぷかん》・罪業《ざいごう》観《かん》に立つ努力が肝腎ではないか。

禅の本領はどこにあるか。そは懸崖より撒手して飛び下り、絶後《ぜつご》に蘇《よみがえ》る大覚悟が必要ではないか。

武道に至っては、今さらここに説くまでもない。「*武士《もののふ》の上箭のかぶら一筋《ひとすじ》に思う心は神ぞ知るらむ」である。

最も優しい恋でも、「*吾背子《わぎもこ》はものな思いそことしあらば火に

---

みに飾り、うわべを飾ろうとする気持ちを表す言葉。

**＊かくすれば〜大和魂**
吉田松陰が泉岳寺に詣でて詠じた述懐の歌。

**＊武士の〜神ぞ知るらむ**
菊池武時の詠歌。「武士たる者が鏑矢《かぶらや》を弓につがえて主君のために捧げる忠節の心は、神のみぞ知るところである」の意。

**＊吾背子は〜なけなくに**
『万葉集』巻四に見える安倍郎女《いらつめ》の歌。「あなたは思い悩まないでください。なにか事が起こったら、あなたと共に火の中にも水の中にも入らないことはないのに」の意。

も水にもわれなけなくに」という古歌の精神までゆかねば畢竟遊戯である。

山鹿素行が、その士道論においてまず立本を主張し、道々志すこと、己の職分を知ること、その初志を勤行《きんこう》するにあることの三条を以て士道の根本問題としていることは、その卓見、実に私どもの敬服を禁じ得ざるところである。

## その生涯

山鹿素行といえば、人はただちに大石良雄ら赤穂《あこう》四十七義士を想起するであろう。

まことに万山《ばんざん》重からず、君恩《くんおん》重し。*一髪軽《いっぱつかろ》からず、吾命《わがめい》軽しと観じて、君恩に対する報謝《ほうしゃ》、武道の節操《せっそう》のためにあらゆる苦難を排して、怨敵を討つために一命を捧《ささ》げた烈士には、この一代の英霊漢・山鹿素行の学問薫化《くんか》の浅からぬものがあるのであ

---

＊万山重からず君恩重し　君恩の重さに較べれば万山さえ重くはない。君恩の重さを強調する修辞法。

＊一髪軽からず、吾命軽し　吾命の軽さに較べれば一髪も軽くはない。同右。

る。

彼はいみじき日本の士であった。その秀抜《しゅうばつ》なる理性は炯《けい》としてあらゆる学問の真髄を徹見《てっけん》し、その努力はただちに能《よ》く事物《じぶつ》の根柢に到達し、その人格は堂々として王侯・士大夫《したいふ》の師であった。

彼は筑前《ちくぜん》の名族山鹿の後裔《こうえい》で、元和《げんな》八（一六二三）年山鹿貞《さだ》以《とも》の家に生まれた。貞以も元来武家であったが、感ずるところあって江戸に医者を業《なりわい》とした。

素行がその『配所残筆《はいしょざんぴつ》』中に自《みずか》ら語るところによれば、六歳から親に書を読ませられたが、無器用で、ようやく八歳の頃までに四書五経や諸種の詩文の書を読み覚えたといっている。なかなか無器用どころの沙汰ではない。

それで九歳の時、当時の大儒林羅山《たいじゅはやしらざん》の門に入って、無点《むてん》の『論語序』や『山谷集《さんこくしゅう》』を読んだので、非常に羅山を感心させた。

それからは天分《てんぶん》の上に明師《めいし》についたおかげで、彼はたちまち

＊炯として
明るくするどいさま。

＊『配所残筆』
山鹿素行の自叙伝。遺言状とも見なされている名篇。

＊『山谷集』
宋の黄庭堅（一〇四五〜一一〇五）の詩詞集。

長足《ちょうそく》の進歩をなし、十四歳の折には詩文ともに熟達し、十五や六の少年で、いち早く堂々たる士人に『論語』や『孟子』を講釈するようになった。

彼の天才はよほど当時の知人を驚かしたものと見えて、十一歳の時、すでに*堀尾山城守《ほりおやましろのかみ》が二百石《ごく》で召し抱《かか》えようとしたが、親が許さなかった。彼の親も偉いと思う。

かくて儒学の上に非常な天才を現わした彼は、十五の年、また兵学の権威・*小幡勘兵衛景憲《おばたかんべえかげのり》、*北条氏長《ほうじょううじなが》について兵学を修《おさ》め、これもたちまちにして師家《しか》の堂奥《どうおう》に入り、二十一の年には数多《あまた》の門弟にも例のない奥許《おくゆる》しを得るに至った。

有名な山鹿流兵学は、実に彼が師の流儀より出《い》でてさらに自己の独創《どくそう》を加味《かみ》したものである。

それから彼はまた、十七頃から*光宥法師《こうゆうほうし》につき、のちには*広《ひろ》田坦斎《たたんさい》について神道を修め、なお和歌をも学んで、二十歳過ぎには実に驚くべき学識淵博《えんぱく》な天才であった。

---

**＊堀尾山城守**（一五九九～一六三三）
堀尾忠晴。江戸初期の大名。松江藩の藩主。大坂冬・夏の陣で活躍した。

**＊小幡勘兵衛景憲**（一五七二～一六六三）
江戸初期の兵学者。『甲陽軍艦』などを集大成して甲州流兵学を立てた。

**＊北条氏長**（一六〇九～一六七〇）
江戸前期の旗本。兵学者。

**＊光宥法師**
高野山蓮華三昧院の学僧。

**＊広田坦斎**
忌部《いんべ》氏の嫡流。素行は神道・和学・歌学を伝授した。

この若き天才を紀州頼宣《きしゅうよりのぶ》、阿部豊後守《あべぶんごのかみ》、松平筑前守《まつだいらちくぜんのかみ》など争って高禄《こうろく》を以て召し抱えようとしたが、彼の大成を願った父は依然として彼の主取《しゅと》りを許容《きょよう》しなかった。

二十五の年には、当時街道《かいどう》第一の好学の名君といわれた桑名《くわな》の城主*松平定綱《まつだいらさだつな》が、六十の長老を以て彼を師と仰いだ。二本松の*丹羽左京太夫《にわさきょうのだいぶ》も彼に兵学や老荘《ろうそう》学を学んで、深く彼を敬《けい》侍《たい》した。彼の抱負も知るべきである。

ついにその英名は家光の聞《ぶん》にも達して、家光はひそかに小姓を派遣して彼に学ばせた。その胸中にはもとより起用の考えがあったのである。

しかるにこの英邁《えいまい》なる将軍は、惜しいかな、この英霊の天才を起用するに及ばずして、「この世をば　ゆめと見る見る　はかなくも　なお驚かぬ　わが心かな」と、切なる辞世《じせい》を留《とど》めて空《むな》しく他界した。

家光一代の間でも、武蔵とこの山鹿素行とを逸し去ったこと

---

**＊松平定綱**（一五九二〜一六五二）
江戸前期の桑名藩主。豪気な性格で知られ、武断派の譜代大名の重鎮であった。

**＊丹羽左京太夫**（一六二一〜一七〇一）
丹羽光重。江戸前期の茶人。初代の二本松藩主。

は（もちろん後者は家光が先に死んだからであるが）、何でもないことのようで、実に遺憾《いかん》至極《しごく》な損失であったと思う。

かくして彼は三十一の年、縁あって士を愛すること深き赤穂《あこう》藩主＊浅野長直《あさのながなお》（長矩《ながのり》の祖父）の招聘《しょうへい》に応じ、＊賓師《ひんし》の礼を以て秩《ちつ》禄《ろく》千石《せんごく》を給《きゅう》せられた。小藩《しょうはん》にあって実に破格の待遇といわねばならぬ。

彼も知遇《ちぐう》の恩に感じて、ここに三十九歳まで九年の間、君臣に深くその蘊蓄《うんちく》を傾注《けいちゅう》した。

赤穂を去って後、ある時彼は旧主に述懐《じゅっかい》して、自分は太平《たいへい》に際したため、別段これという眼に見えたご恩報じもできなかったが、そのかわり深く藩士に倫理の根本を培《やしな》っておいたつもりであるから、何かことの起こった場合、必ずその効果があるであろうと信ずると言ったそうである。

さらにまた九年の赤穂生活は、彼の学徳をいかに多く充実せしめたことであろう。

---

**＊浅野長直**（一六一〇～一六七二）
江戸前期の大名。播州赤穂藩主。入浜塩田に改良し、製塩による収入は藩財政を潤した。

**＊賓師の礼**
臣下としてではなく、師として招聘されること。

江戸に還《かえ》った彼の門には、やがて学道に志ある天下の諸侯・士大夫が争って集まった。『先哲叢談《せんてつそうだん》』*には、その数実に四千人と記している。その声望《せいぼう》・名誉、優《ゆう》に在野《ざいや》の一王国であったのである。

しかるに幕府にとって、とにもかくにも在野の処士が、かくの如く侯伯士庶《こうはくししょ》*の尊敬を受けて堂々たる門戸《もんこ》を張ることは、とりも直さず隠然《いんぜん》たる一敵国の樹立《じゅりつ》と同様である。

彼に先《さき》んじて名誉の高かった由井正雪《ゆいしょうせつ》*にも、あのような不《ふ》軌《き》があった。したがって幕府の眼は、おのずから猜疑《さいぎ》に輝かざるを得ない。

そこへ、彼の学問がまた少なからず他の狭陋《きょうろう》な学者仲間の嫉妬・反感を煽《あお》った。それがはしなくも彼の『聖教要録《せいきょうようろく》』を機として爆発したのである。『聖教要録』は、すでに不惑《ふわく》に達した彼が発表した、その儒教観の綱領《こうりょう》である。当時は儒教がいわゆる朱子学《しゅしがく》・陽明学《ようめいがく》の二派に代表され、論争されていて、朱子

---

**＊先哲叢談**　江戸時代の儒者、文人について録した書。原善（念斎）著、八巻。

**＊侯伯士庶**　侯伯は大名・諸侯。士庶は臣と民。

**＊由比正雪**（一六〇五〜一六五一）　江戸前期の軍学者。慶安事件の首謀者。楠木流軍学を教えた。慶安四（一六五一）年、世情動揺を奇貨として同志の丸橋忠弥等と謀り幕府転覆を企てたが、事前に発覚して自刃した。「不軌」とはこの事件を指す。

学のほうが官学になっていた。そして陽明学派は朱子学派から見れば、孔子の道統に値《あたい》せぬ異端《いたん》として看《み》られていたのである。ところが素行は、その陽明学はもとより、朱子学をも聖学から観《み》て決して真に道統を継ぐものではないとした。これ俗眼には、朱学の宗家《そうけ》林羅山の門より出た彼として、実に容易ならぬ叛逆《はんぎゃく》的議論であった。

彼は、聖学の目的は人となるに在るのである。すなわち聖教の目的も、人となるの道を教えることになければならぬ。人となるということは、決してみだりに書を読むことでもなければ、単に思想を抱くだけのことでもない。それは、小は一身を修めることより、大は天下を治平するところの現実にめざましい理想欣求である。

ゆえに聖教は、常に最も活《い》き活きした現実に人生を動かしてゆく力でなければならぬ。

孔子が、およそ人多き人の中にも最も偉い聖人である所以《ゆえん》は、実に彼の学問、即ち儒教が、まさしく彼自身の内生《ないせい》と彼の裏に体験せられた社会苦とから流露《りゅうろ》して、そして比類なき荘厳な理想が、最も確かに現実に立脚してうち建てられていることにある。

自ら熱く内《うち》に訟《うった》えず、天下の疾苦を自ら病むに非ざる儒者――したがってその教説の如き断じて聖人の道統を継承するものではない。

学問を生活から切り離し、真実と没交渉にしたのは、むしろ学者の罪である。「周孔《しゅうこう》の道が意見に陥《おちい》って、世を誣《し》い民を惑《まど》わす」ようになったと言って彼は痛嘆《つうたん》している。

俗儒にとって、かくの如きは実に最も深刻な、それだけいまいましい正論である。そしてこれはまた、幕府にとっても容易ならぬ危険思想である。

およそ権力者流にとって、何が危険思想といっても、苟合妥協を潔《いさぎよ》しとせぬ徹底的英霊を具えた勇者が、自己と天下とを斉しくその厳である道徳律の前に額《ぬか》づかしめんとする自覚行動ほど恐ろしいものはない。

　他のあらゆる思想運動は、何ものかを提供していかようにもその鋒先《ほこさき》を鈍《にぶ》らせ得るが、かの大丈夫に限って、彼を籠絡《ろうらく》せんとすればするほどその鋒先が鋭くなる。

　素行の如き思想が躍然《やくぜん》として天下の士丈夫を激する時、幕府の権力政治は不測《ふそく》の脅威《きょうい》におののかざるを得ないであろう。

　果たせるかな寛文《かんぶん》六（一六六六）年十月三日（彼の四十五歳の秋）、大目付《おおめつけ》北条氏長《うじなが》（かつて彼の小幡門下における兵学の師兄《しけい》たりし人）より突然、彼に召喚状《しょうかんじょう》が発せられた。氏長もまた、役目の奥に素行の山鹿流兵学の新旗幟を嫉視《しっし》していたのである。

　かくて、彼の盛んなりし運命は一朝にして凋落《ちょうらく》し、その月の九日、厳重なる警戒のもとに、彼は播州《ばんしゅう》赤穂の地に流謫《るたく》せられた。

　しかしながら赤穂に流されたことは、せめてもの幸福であった。ここはかつて彼が英霊の学問を伝えた地であって、今もなお藩主をはじめとして一藩の尊敬深きものがある。

十月二十四日、赤穂に着いてからも、心を罩めた藩侯の優遇は、むしろ彼をして深く恐縮せしめたほどであった。

藩士の中でも特に彼の世話係になったのは大石良雄の叔父頼母良重《たのもよししげ》である。良雄はこの時八歳であった。

翻《ひるがえ》って思うに、また彼の赤穂配流《はいる》の生活は、その含徳《＊がんとく》の上からいって非常な天恵《てんけい》であったかもしれない。

彼はここに思わぬ閑日月《かんじつげつ》を得て、真に悠々と読書し、瞑想し、執筆することができた。『中朝事実《ちゅうちょうじじつ》』や『武家事記《ぶけじき》』や『謫居童問《たくきょどうもん》』や『配所残筆』などは、皆この時の筆である。

彼はここに十年の歳月を過ごした。そして延宝《えんぽう》三（一六七五）年、家光二十五回忌に赦免《しゃめん》されて、その年の八月に再び江戸に帰ることができた。

彼も、はや知命《ちめい》の年を四つも過ぎた。時勢も十年の間に著し

---

＊含徳
徳を養い蓄える。

く文化的に爛熟《らんじゅく》して行った。江戸に帰ってのちも門下は旧《もと》の如く盛んになったが、彼の才鋒《さいほう》は復《ふた》び故《もと》の如く露《あらわ》れなかった。彼はすでに深く養晦*の徳を磨き得たのである。

そして貞享《じょうきょう》二（一六八五）年八月二十六日、寿算*《じゅさん》六十四を以てこの一代の英霊漢も平和に永眠した。『士道論』は彼の最も盛運時代の所説である。

## 心術──いかに人格を涵養すべきか

その『士道論』冒頭の立本論を私は本講の初めに一言した。従来の諸講は、この立本論の自由な講釈と看てもよいのである。本講においては、さらにその心術論《しんじゅつろん》を明らかにしようと思う。彼はその『士道論』中に「本《もと》を立つること」に次いで「心術を明らかにすべきこと」を説いている。

心術という場合の心は人格であり、術は「はたらき」である。

---

＊養晦の徳
才能を世に知られないようにする謙譲の人徳。
＊寿算
寿命のこと、享年。

「みち」である。つまり心術とは、さまざまな人格活動であるから、心神《しんしん》喪失者や*耗弱者《こうじゃくしゃ》は論外である。あくまでもその行為について責任を帰《き》せしめ得るだけの人格を具えた者において、初めて心術が論じられる。

　人格者としての根柢が植《た》つ時、あたかも地があらゆる草木を育て、さまざまな風光《ふうこう》を開く如く、人は微妙窮《きわ》まりない心術を養うものである。本を立てることの深厚なほど、心術の妙趣もまた無限である。

　近代の唯物的・機械的に育まれた新人たちは、法律や経済や文芸や哲学や、いかにも*涵養《かんよう》が豊富のようであるが、そはすべて*口耳《こうじ》の域にとどまり、心術に至ってはかえって荒涼《こうりょう》たるものである。

　これに反して、士は本を立つべき人であるだけ、心術を明らかにせねばならぬ。心の山水《さんすい》を限り無く妙好《みょうこう》にせねばならぬ。

　そこで彼はその心術論に養気を論じ、度量《どりょう》、志気《しき》、*温藉《おんしゃ》、風《ふう》

---

＊耗弱者
　身心ともに消耗してしまった弱者。

＊涵養
　徐々にしみこむように学問や見識を養うこと。

＊口耳の域
　耳にしたことをすぐ口にする程度の浅薄な域。

＊温藉
　心広く包容力があってやさしいこと。

度《ど》、義理《ぎり》を弁ずること、命《めい》に安《やす》んずること、清廉《せいれん》、正直、剛操《ごうそう》を説いている（以下、引用の文は『山鹿語類』*巻二十一に拠《よ》る）。

（イ）養気

彼は孟子も説いている通り、心と気とを考えて、心の根本形式を気に発見している。

換言すれば、意志が心の根本的形式であり、肉体も意志によってその存在が切実である。そして、気静かなれば心もおのずから静かであり、気動けば心もまた動く。

かくの如く心は気に因《よ》り、体はまたその心に依《よ》って深刻な影響あるものであるから、「先ず気を養うことを以て修身存心の本《もと》と」せねばならぬ。

孟子にも、「我れ善《よ》く吾《わ》が浩然の気を養う。*——其《そ》の気たるや至大至剛《しだいしごう》、直《ちょく》を以て養うて害《そこな》うこと無くんば、則《すなわ》ち天地の間《かん》に塞《ふさ》がる」と説いて居る。

---

＊『山鹿語類』
素行の門人によって編纂された文集。四十五巻。「士道篇」（巻二十一）は著名。

＊「我れ善く〜塞がる」
「私はわが浩然の気を善く養うのだ——その気というものは、至って大、至って剛、しかも直で、害うことなく養ってゆけば広大なる天地の間にも充満するほどのものだ」。『孟子』公孫丑上に見える孟子の語。

人間の現実生活は、要するに欲求の体系である。そこで、もろもろの欲求が、いかなる根本欲求によっていかに体統《たいとう》せられているか、その模様で我々の生活に趣《おもむき》が違ってくる。

どぶ鼠《ねずみ》のちょこちょこ走るような生活もあるし、風雲を巻く龍虎《りゅうこ》の態《さま》もある。我々の意志活動、即ち気が龍虎の如く、ただちに天を指して飛躍する時、*乾坤には雲蒸《む》し霧騰《のぼ》る。善く浩然の気を養う者は、かくの如きをいうのである。

（ロ）ここにおいて、士は義利を弁ぜねばならぬ

素行も、

*大丈夫《だいじょうぶ》存心の工夫唯だ義理の間を弁ずるに在《あ》るのみ。*君子小人《しょうじん》の差別、*王道覇者《おうどうはしゃ》の異論、すべて義と利との間にこれ有るなり。いかなるをか義といわんとならば、内に省《かえ》りみて羞畏《しゅうい》する所有り、事に処して後《のち》自ら慊《あきた》る、これを義

**＊乾坤には雲蒸し霧騰る**
天地に雲が湧きあがり、霧が立ち昇る。

**＊大丈夫**
意志のしっかりした立派な人物。

**＊君子小人**
君子は学徳のある立派な人物、小人は学徳のないつまらぬ人物。常に対比して用いられる。

**＊王道覇者**
王道は道義に基づいて人民の福祉を図る統治のあり方。覇者は仁義を軽んじ武力を重視する諸侯のはたがしら。覇道と共に、王道・王者の対極概念。

というべし。いかなるをか利といわんとならば、内欲《うちよく》を縦《ほしいまま》にして、外《そと》其の安逸《あんいつ》に従う。これを利というべし。

と切言している。

すでに我々の生活が欲求の体系であるから、当然欲求そのものを正さねば、士の生活は実現しない。しかるに何人《なんぴと》も自ら反省すること深く、その久しきにしたがって、いよいよますます衷《うち》に畏《おそ》れ、羞《は》ずるある者があるであろう。

そこで、慎んでこれにしたがう時、不可思議にも自らすこぶる満足を覚える。かくの如きものは義である。義は即ちもろもろの欲求の王者に他ならない。

これに反して、刹那刹那に衝動的な欲求を無反省に満足させて、快を貪って行こうとするのは利である。

利には畏れもない、羞じもない。そして永生《えいせい》の祝福もない。先のたとえでいえば、龍虎の態ではなくて、どぶ鼠の出頭・没頭にすぎない。

孟子は浩然の気をさらに説明して、「其《＊そ》の気たるや、義と道とに配してここに餒《う》うる無きなり。是《こ》れ集義の生ずる所にして、義襲《ぎしゅう》して之を取るに非ざるなり。行《こう》・心に慊らざるあれば即ち餒う」といっている。

義と道と分けても決して二物《にぶつ》ではない。我々の生活でいえば、これなくしては生活の成り立たぬ根本原理が道であり、もろもろの欲求の合道的決定が義である。

そして、不断の集義はあくまでも我々をよりよく、より美しく、より真に、より聖ならしめねばやまない。これ浩然の気の養われる所以である。そは正しく集義の生じるところで、道徳の型に嵌《は》めても出てくるものではない。

（ハ）志気

かくの如く、士は義利を弁えて気を養わねばならぬ。

---

＊「其の気たるや～餒う」「その気というものは、道と義とに配合するもので、もし道義が無ければ飢えてしぼんでしまう。つまりこの気は内に義を積集した結果、生ずるものなのであって、それがからだにはいりこんできて浩然の気ができるなどというものではないのだ。自分の行為になにか心に疚《やま》しいことがあると、その気は飢えてしまうものなのだ」（同前）

しかるに、気を帥《ひき》いるものは志である。志の気におけるは、目的観念の欲求におけると同意味である。ゆえに孟子も「*志は気の帥《すい》なり」といっている。志気とは、実にこの志と気との一体となれる躍進を表す言葉である。

浩然の気を尊ぶ者は、したがってまた志気遠大でなければならぬ。

彼の志気説に、

> 志気というは大丈夫の志す処の気節《きせつ》を云えり。大丈夫たらんもの、少《すこ》しき処に志を置くときは其の為《な》す所・其の学ぶ所至って微《び》にして大なる器にあらざるなり。道に志すときは*管仲晏子《かんちゅうあんし》が輩《はい》の功烈《こうれつ》猶お為すに足らずと思うは曾子・孟子の志気なり。若《も》し小成《しょうせい》に安《やす》んじて気節の全《まった》き処を得ざるときは、器常《つね》に瑣細《ささい》にして*器識《きしき》の大用《たいよう》を知らざるなり。

（中略）

---

**＊志は気の帥なり**
『孟子』公孫丑上篇。志は気の統帥者である。だから志が至る所には気がつき従ってゆくものであると続く。

**＊管仲晏子が輩の功烈**
春秋時代の斉の名宰相とされた管仲や晏嬰《あんえい》のような類の偉大とされる功績すら、覇道と見下して、（王道ではないので）為すに値しないと見なすのが、曾子や孟子の（王道を志す）志気なのである。

**＊器識の大用**

古の臣《しん》たる人は君を尭舜に致《いた》さんことをあてとし、一夫《いっぷ》も其の所を得ざるを以て己が耻とし、父に事《つか》えては曾子の如くにして可《か》なりと未だあきたらざるの志を置く。是《こ》れ皆《みな》志気の高尚《こうしょう》にして小成小利を事とせざるがゆえなり。＊彼《か》の許《きょ》由《ゆう》天下の譲《ゆず》りをきいて耳を頴川《えいせん》の流れに洗えば、＊巣父《そうほ》其の水を牛にだも飲ますべからずというて下流を汲《く》まず。＊范蠡《はんれい》が五湖《ごこ》に浮かんで、越《えつ》を覇《は》たらしめたる功を受けず。荘《そう》周《しゅう》が鳳凰《ほうおう》の飛ぶを見て、くされたる鼠をつかめる鳶《とび》の嚇《おどし》といえるたとえ、＊厳子陵《げんしりょう》が三公《さんこう》にも江山《こうざん》の翫《がん》を易《か》えざる、いずれも聖人の道よりいえば其の弊《へい》なきに非ずといえども、利害に於て聊かも志を留《とど》めず。天下の大器といえども、我が自適する処に易《か》うべからずと気節を立てたらん処はまことに大丈夫の気象というべし。＊衣《ころも》を振《ふる》う千仞《せんじん》の丘《おか》、足を濯《あら》う万里《ばんり》の流、大丈夫此《こ》の気節無かるべからずと云えるは此《かく》の如きの心にもありぬべし。但し聖人の道より至らずして、

---

器量、識見の偉大な働き。

**＊彼の許由～洗えば**
許由は尭が天下を譲ると聞き、汚らわしいと耳を頴《えい》川《せん》で洗い山に隠れた。

**＊巣父其の水～汲まず**
それを聞いた巣父は頴川の水を牛にさえ飲ませまいと下流で汲まなかった。

**＊范蠡が五湖に～受けず**
范蠡は斉の宰相に聘されたが、太湖に自適した。

**＊厳子陵が三公～易えざる**
後漢の光武帝の旧友・厳子陵は官職に招かれたが、自適の楽しみを変えなかった。

**＊衣を振う～万里の流**
晋代の詩人・左思《さし》の詩。

一向《いっこう》其の気節の高尚を貴《とうと》ぶときは、*異端《いたん》の虚無空寂《きょむくうじゃく》を貴び、世間を以て塵芥とし、天下を以て*糠粃《こうひ》と思うて、唯《た》だ自適するを可なりとす。故に*格致《かくち》することを詳《つまび》らかならしむべきなり。

と論じている。

総じて善人とか君子とかいわれる者に、この志気が無い。彼らは、*沈香《じんこう》も焚《た》かず屁《ひ》も放らざることを以て至善と考えたり、道傍《みちばた》の小石を除《のぞ》いたり、坂の車の後押しをしたことを、一大善事を為《な》したかの如く昂奮《こうふん》する。

遺憾ながら、かくの如き善人君子は、世に横行《おうこう》する悪人大賊《だいぞく》の輩から軽侮《けいぶ》されても致し方が無い。まことは君子が豪傑でなければならぬ。聖人が英雄でなければならぬ。

## （二）度量

---

**＊異端の虚無空寂**
正統な儒教に反する教えである老荘は虚無を、釈仏は空寂を尊重して。

**＊糠粃**
糠や粃《しいな》のような米穀の価値のない物。

**＊格致する**
格物・致知。事物の理を究明させ、真理を知らせる。

**＊沈香も～放らざる**
これといって良いことも悪いこともしない譬え。

すでに志気遠大《えんだい》なれば、したがって一事一善に拘泥《こうでい》することなく、*胸腹《きょうふく》がゆたかになる。

彼の度量の説に曰く、

士は其の天下の大事を受けて、其の大任を自由にいたす心あらざれば、度量寛《かん》ならずしてせばせばしきになりぬべし。されば長江大河《ちょうこうたいが》の更に其のかぎりを知るべからざるが如く、泰山喬嶽《たいざんきょうがく》の草木鳥獣《そうもくちょうじゅう》をかくすが如くにして、其の胸中には天下の万事を容《い》れて自由ならしむべき、これを度量といえり。*天空鳥飛《てんくうちょうひ》に任せ、海濶魚躍《かいかつぎょやく》に委《まか》す。大丈夫此《こ》の度量なかるべからずと云うは此の心をいえるにや。後漢《ごかん》の黄憲《こうけん》がことを郭林宗《かくりんそう》がいえる言《げん》に、叔度《しゅくど》*汪々万頃《おうおうばんけい》の波の若《ごと》し。之を澄ませども清まらず、之を撓《みだ》せども濁《にご》らず、量《はか》るべからずといえり。晋《しん》の周顗《しゅうぎ》が此の中《うち》空洞物無し（私註／彼の便々《べんべん》たる腹を指していう）、卿等《けいら》数百人を容《い》るるに

---

**＊胸腹**
抱懐する所。心胆。

**＊天空鳥飛に任せ、海濶魚躍に委す**
天は空しくして鳥の飛ぶに任せ、海は濶《ひろ》くして魚の躍るに任す。

**＊汪々万頃の波**
広びろとして涯《かぎ》りない海の波のようである。

足るも王導《おうどう》に答えし、是れ各々其の人の度量というべし。器此の如くに寛広《かんこう》に非ざれば力量また逞《たくま》しからず。力量というは、従容《しょうよう》として万物をととのえ、談笑して四海をしたがえ、地の重きを負《お》い、海の広きをひたし、天の大にして外《そと》無く、日月《じつげつ》の光の通ぜざるなき、これ皆自然の力量なり。されば天下に中《ちゅう》して立ち、四海の民を定むるとも、これを以てほこらず、大事を一胸襟《きょうきん》に定め、大節《たいせつ》を万民の上にほどこせども、是を以て大なりとせず。此の如くに気の力量を養い得ずしては、物々《ものもの》にせばまり困《くる》しんで、浩然の大なるを得べからざるなり。故に度量を以てすべしといえり。我が気を養う所うすくして大丈夫の本《ほん》意《い》立たざる時は、利害好悪《こうお》に付《つい》て心ここに動き、気ここに妄作《もうさ》して、真《まこと》を失うべし。人皆物に当ってせく処《ところ》出来ることは、気・妄動して処を失うを以てなり。妄動する時は知《ち》これが為《ため》にかくれて所為《しょい》皆妄作なり。更に寛広の処なし。

---

＊大丈夫生死一大事の地に臨み
　大丈夫たる者は、生死の関頭に立つ一大事に臨んで、剣刃の間に強剛な節操をあらわし、国家の重大問

*大丈夫生死《しょうじ》一大事の地に臨《のぞ》み、白刃を踏み、剣戟《けんげき》をほとばしらしめて、剛操の節《せつ》をあらわし、大事に臨《のぞ》み、大議を決し、紳《しん》を垂れ、笏《こつ》を正し、声色《せいしょく》を動かさずして天下を泰《たい》山《ざん》の安きに措《お》くと云いける文武《ぶんぶ》の大用《たいよう》は度量の間に存すべきなり。

（ホ）安命

いかにも度量大なれば、さまざまな衝動に駆られて妄動妄作《もうさ》するようなことがない。妄動妄作が止めば、自然に知が明らかになる。知が明らかなれば、命《めい》を知り命に安《やす》んずることもできるものである。

命を知り命に安んずるとは、ままよ、どうでもなれと糞度《くそど》胸《きょう》を定めることではない。世に立つ上について自ら*随処《ずいしょ》に主となりてゆくことである。

ゆえに命を知り命に安んずる者は、かえっていわゆる運命を

---

題を決断しながら、礼節もととのえて容儀を正しつつ、声や顔色も変えることなく、天下を泰山のように安泰ならしめる。文武兼備の偉大な働きというものは、すべて度量の問題に他ならない。

**＊随処に主となる**
『虚堂録《こどうろく》』巻一に「物の遇ひ縁に応じ、随処に主と作る」と見える。いかなる処に置かれても、何事をするにしても、その場その時の主人公になって、すべてを自由に使いこなしていく。そうすれば、その場、その時がそのまま真実の妙境となる（立処皆真）。

脱却する。これに反して、いつも狂犬のように野望を逐《お》っかけ廻っている俗人は、いつまで経っても運命の奴隷たるを免《まぬが》れない。

「凡そ人の世に立つことは、第一に時を得るにあるべし。第二に其の秀《ひい》でつべき家に生《うま》るるにあり。第三に其の人・其の時に相応の気質あるものなり。此の三段相叶《あいかの》うて、初めて」出世することもできる。

しかし、出世が果たしてどれほど求むべきことであるか。出世が万事か。真に貴ぶべきことはどこにあるか。世人はこれを考えないで無暗《むやみ》に出世しようと焦《あせ》る。その出世は人の肉感に誇示する自己の享楽にすぎない。

そういう出世のための妄動妄作が人間から自主性を奪って、万事に奴隷の如く卑屈狡猾《ひくつこうかつ》ならしめる。

運命は、天が人の狂暴に向かって下す牢獄である。運命には*物相飯《もっそうめし》はあるが、自由はない。命に安んずることは、この鉄《てっ》

---

＊物相飯　盛り切りにした飯。入牢中の囚人の飯。

柵《さく》を取り払うことにほかならぬ。

（ヘ）清廉*

命に安んずることは、いわば義利を弁《わきま》えることである。この*義利《ぎり》を弁えて能《よ》く義に就《つ》くことは、即ちまた清廉である。ゆえに士は、当然清廉でなければならぬ。

（ト）正直

この清廉の徳は、見ようによってはまた正直である。「松《まつ》天に到って屈《くっ》せず、蘭人《らんひと》無《の》うして亦た香《かんば》し。是れ即ち大丈夫で正直の立処」ということができる。

（チ）剛操

かくの如く、士が道の根本を立てて動かぬ力を剛操という。剛は「外物《がいぶつ》に屈せぬ」意味、操は「我が義とする志を守って聊

---

**＊清廉**　心が清くて私欲のないこと。廉潔。

**＊義利を弁える**　義と利とを弁別する。「義は百事の始め、万利の本なり。伝に曰く、義は利の和なり」といわれる。

かも変ぜざる心」である。西郷南洲《さいごうなんしゅう》もいったように、名や利はおろか命も要《い》らぬという始末におえぬのが剛操であるが、これがなくては天下の大器識《だいきしき》とはなれぬ。

（リ）風度

ただし剛操を「つむじ曲《まが》り」と誤ってはならぬ。世にいう「天《あま》の邪鬼《じゃく》」は大丈夫の本意ではない。

彼の説にも、

大丈夫は一向剛操を立て、其の風俗いやしかるべきに似たり。是れまた大丈夫の本意に非ざるなり。されば月梧桐《ごとう》の上に至り、風楊柳《ようりゅう》の辺《へん》に来《きた》る。大丈夫此の風流無かるべからずといえるは、風度《ふうど》の世俗に非ず、明珠《めいしゅ》の側《そば》に在って自然に人をてらすが如き風情《ふぜい》をいえり。

*周茂叔《しゅうもしゅく》の人品《じんぴん》を山谷《さんこく》が論じて、胸中洒落《しゅらく》、霽月光風《せいげつこうふう》の如

---

*周茂叔の人品を山谷が論じて
周茂叔（宋の儒者）の人品骨柄を黄山谷（宋の詩人・書家）が論評して、「胸中つまり心がさっぱりとして爽やかで、清らかで美しい」といった。

しと云いしは、其の風情のつたなからずして、健骨《けんこつ》の相《そう》あるを云えるなり。

物皆自然のすがたあり。いやしきにはいやしきすがたを表し、貴きには貴き形をあらわす。*野鶴《やかく》には俗質《ぞくしつ》無く、青《せい》松《しょう》には棟梁《とうりょう》の気をふくめり。

孟子梁の襄王《じょうおう》にまみえて、出《い》でて人に語って曰く、之を望むに人君《じんくん》に似ず、之に就いて畏るる所を見ずといえるは、襄王に人君の風度あらざるをいえるなり。

大丈夫の養《やしない》正しからざるときは、唯だ剛強なるを専らとして、衣服より飲食居宅《きょたく》の体《てい》、言語動容に至るまで、専らすねまわりて木のはしの如く取りまわし、是れ即ち大丈夫の法なりと思うの輩《はい》あり。甚だ以て誤れり。

大丈夫婉《えん》にやさしく﨟《ろう》たけたらんは柔弱《にゅうじゃく》に溺れて風度と云うにはあらず。少しもつたなくいやしき質あらず、水精《すいしょう》の瓶に秋水《しゅうすい》をたくわえ、白玉《はくぎょく》の盃に氷をのせたらん如く、聊

---

＊野鶴には～気をふくめり　隠士には俗塵に汚れない品位がそなわり、処士には重任を担う気象がある。これを野鶴と青松に托して表現している。

かもかくれたる処なき風情《ふぜい》、これを大丈夫の風度と云うべきなり。

是れ内にへつらう処なく、外に屈すべき物なく、何《いず》くに行くといえども其の気常《き》に万物の上に伸びて、*鳶飛《とび》んで天にいたり、魚躍《おど》って淵《ふち》に入り、月の梧桐に来り、風の楊柳をさそうに殊《こと》ならず、此《かく》の如きの風度を養い得ずしては一塵《いちじん》にも染《そ》まざるの如くならんや。尤《もっと》も慎むべきなり。


と述べている。

（ヌ）温藉
ここまで大丈夫の涵養があると、士に一種いうべからざる「うるおい」「あたたかみ」「ふかみ」ができてくる。

彼の説を借りていうと、

---

＊鳶飛んで～淵に入り
『詩経』大雅旱麓の詩。「鳶飛んで天に戻《いた》り、魚、渕に躍る」にちなむ表現。万物おのおのその所を得ている。太平の世の姿を象徴している。

大丈夫の度量寛《かん》に気節大なるは自然に温潤《おんじゅん》の処ありぬべきなり。温藉というは、含蓄包容の意あるなり。内に徳をふくみ光をつつみて、外に圭角《けいかく》あらわれざるのことなり。小《しょう》智短才《ちたんさい》なる輩は器せばきを以て我が知を立て、人にほこり、世にてらう。度量気象よく万物の上に卓爾《たくじ》たるがゆえに、さらに功を立て名に誇る処あらず。而《しか》して更に忿励《ふんれい》の気あらず。温和おのずから顔色《がんしょく》に発し、仁人《じんじん》君子のすがたあらわれ、物に交り人に友なうときは、陽春のうららかにして能く物を利するが如くなるべし。

この大丈夫の温藉あるときは、能く恵愛《けいあい》して人を救い物を助け、天下の困窮離析《こんきゅうりせき》するを見ては我身の苦しみあるが如くす。故に倉廩《そうりん》をひらき、櫃《ひっ》を倒《さかさ》にし、宝を出だし財を傾けて、其の救《すくい》を全くして爰《ここ》に於て快《こころよ》しとす。是れ温藉の致す所なり。*碧沢《たまたく》に蔵《かく》れて自ら媚《うつく》しく、玉山《たまやま》に収まりて光を韜《つつ》む。大丈夫此の温藉無くんば有るべからず

＊碧沢に蔵れて自ら媚しく　碧（あおい宝石）が沢の水に蔵れて美しく、玉（宝玉）が山中に収まって光を包み隠す。

とは此の心なるべし。*古人の物に接する虚舟《きょしゅう》の如しといえるも、温潤の処深からずしてはあるべからざること。

である。

かくの如く観てくれば、士道の根本確立して健《すこ》やかに気を養う時、*蒼海《そうかい》の一粟《いちぞく》のような我々人間も、まことに摩訶不可思議な宇宙であることを悟るであろう。

Microcosmos は Macrocosmos である。士道は*自我の奥殿《おくでん》を通じて、*十方《じゅっぽう》世界を全身《ぜんしん》と化《か》することである。

---

**＊古人の物に接する虚舟の如し**
古人が、虚《から》の舟のように心広く、虚心に対応する様。

**＊蒼海の一粟**
広大なものの中の極めて小さいもの。宇宙における人間の存在の儚いこと。

**＊Micro cosmos は Macro cosmos である**
小宇宙たる人間は、そのまま大宇宙と一体となる。

**＊自我の奥殿**
自我の精神の深奥。

**＊十方世界を全身と化す**
天地万物をもって一体となし、宇宙そのものを全身とする不朽の人となることを意味している。

# 第七講　副島種臣と中庸の哲学

## 学問と人格

士の心術を明らかにすることによって、素行は風度・温藉というようなものを説いている。

風度や温藉は狭い個我《こが》、官能的我欲に執着している人間には現われない。たとえば近代の物質的機械文明に毒せられている利己主義者流が、どんな人間であるか考えてみても分明《ぶんめい》であろう。

風度や温藉は、どうしてもそういう動物的、もしくは単なる人間的（blossmenschlch）生活以上の大きな人格に進まねば現われるものではない。宇宙人生は、たとえば一大交響楽であって、普通人の人格は其の一楽音《がくおん》である。

しかしこの人格は、決して個々別々の物的存在ではなくて、その一大交響楽を個人の人格内容になすこともできる。風度や温藉は、つまりかかる人格の大交響楽が与える不可思議な魅力的空気であると思う。

近代の著名な人物では、西郷南洲などが確かにその代表的人格であるが、しかし南洲は山の高きが如く、水の長きが如く、自然的に然《しか》るのであって、自覚を尊ぶ学問という側《がわ》から見ていささか超越的である。

この側から見て、その尊い人格を同時に学問によって深遠《しんえん》にしている者は先帝の侍講《じこう》であった*副島種臣《そえじまたねおみ》伯であろう。

彼は佐賀の藩士・枝吉南濠《えだよしなんごう》の次子、有名な*枝吉神陽《しんよう》の弟である。父のあくまでも謹厳、兄の群《ぐん》を抜いて秀傑なるに対して、

---

**＊副島種臣**（一八二八〜一九〇五）号は蒼海《そうかい》。父は種彰《たねあき》（南濠《なんごう》）。父死去し、副島利忠の養子となる。兄の枝吉神陽と共に「義祭同盟」で活躍。後に長崎に行き、米国人フルベッキに師事し、英学、米国憲法を学ぶ。維新後、外務卿として活躍した。

**＊枝吉神陽**（一八二二〜一八六二）枝吉経種《つねたね》。神陽は号。幕末の志士。佐賀藩校教諭。父・種彰の唱えた尊皇論「日本一君論」を継承し「義祭同盟」を結成。大隈重信、江藤新平、副島種臣らが参加。

彼はまた極めて剛毅《ごうき》にして深厚《こうき》であった。神陽は彼を指して次郎は馬鹿であると言った。勿論其の意味は孔子が曾参を魯といい、南洲翁がまだ若かった東郷平八郎《とうごうへいはちろう》将軍を「平八と申す馬鹿者でごわす」と人に紹介せられたと同様である。その人々は、狭陋な利己主義から世の人が狡猾《こうかつ》に立ち廻る時、一向さような気が利かないで真面目に道を歩んだのである。それを俗眼から見るといかにも馬鹿に見える。しかし、それは神の目からは尊い者に相違ない。

果たせるかなこの尊い愚人の一人であった副島種臣は、明治維新の大業《たいぎょう》になくてかなわぬ王佐《＊おうさ》の大才であった。

外務大臣となっては旧来の屈辱叩頭《＊こうとう》的外交の陋習を毅然として一新し、傲慢不屈《ごうまんふくつ》なる外国使臣をして彼の前に自ら敬畏《けいい》の頭を下げしめ、マリア・ルーズ号事件では憐れむべきシナの奴隷を救済するために、断乎として葡国《＊ぽこく》をはじめ列強使臣の干渉を退け、独り正義を主張して能く帝国の威信を輝かし、シナに

---

＊王佐
帝王を輔佐すること。また、その人。
＊叩頭
頭を地にすりつけておじぎをすること。
＊葡国
ポルトガル。

使《つか》いしては堂々たる帝国の面目を発揚して内外讃歎の的となった。

しかも彼の大功は、何よりも明治天皇に側近して帝国学を進講し、その蘊蓄、その含徳を傾けて、*五徳《ごとく》を輔弼《ほひつ》し奉《たてまつ》った点にあるといわねばなるまい。

天皇の御製《ぎょせい》を拝読する者は、同時に副島侍講の「あやにあやにかしこくもあるか天地のみいつの中に立ちたるわれは」といったような天地神明と通じる心の学を修めねばならぬ。

彼の学問の根幹は儒教である。なかんずく、天皇に対し奉りて中庸の哲学を発明*闡微《せんび》しまいらせた。

私は士学を講じて、次に這個《しゃこ》を明らかにしたいと思う。

## 儒教の根本問題

『中庸』に「*天命之《てんめいこれ》を性《せい》と謂《い》う。性に率《したが》う之を道と謂う。道を

---

＊五徳
『中庸』第三十一章に「聡明睿知、寛裕温柔、発強剛毅、斉荘中正、文理密察」が五聖の五徳として説かれている。

＊闡微
幽暗を開明すること。幽玄微妙を闡微（開いて明らかにする）すること。

＊天命之を性と〜教と謂う
『中庸』最初の句で、性・道・教の章といい、『中庸』の要諦を明示する章。

修むる之を教《おしえ》と謂う」と説いている。

性とは我々の存在の根拠である。これなくしては存在することのできない、あるものである。『中庸』はこれを天命において把握している。而《こう》して『中庸』は、最も鮮やかに儒教の要領を説いたものであるから、これはまた儒教の根本問題を明らかにしたものである。

天命とは、我々が誠になればなるほど、いよいよますます明らかに自己の胸奥《きょうおう》に聴かるる厳《おごそ》かなる命令である。汝《なんじ》いかなることありとも（*造次《ぞうじ》にも顛沛《てんぱい》にも）屈せず撓《たゆ》まず努力し精進《しょうじん》せよ、という無声の命令である。

わが国振《くにぶり》でいえば、かくすればかくなるものと知りながら、やむにやまれぬ大和魂とも申すべきものであろう。

しかるにこの悟りは、明らかに二元的心境にあるものといわねばならぬ。何となればやむにやまれぬ命令と感ずることが、すでにその直下《ちょっか》に直往《ちょくおう》すべき障碍《しょうがい》の存在を証明するではない

---

**＊造次にも顛沛にも**
とっさの場合とつまずき倒れる場合。転じて、わずかのま。『論語』里仁篇に見える語。「さあ大変というあわただしい時でも、まさに躓《つまず》いて倒れんとする危急な場合でも、仁を忘れないのが君子である」。

か。わが心中の天地に*瀏喨《りゅうりょう》として鳴りわたる進軍喇叭《ラッパ》の声は、心中の賊に対する征服を宣《せん》するものではないか。

　儒教は明らかに内面的戦闘（Innerer Kampf）の実学である。ゆえに儒教は勇を尊ぶ。『孟子』にも、「曾子、子襄《しじょう》に謂うて曰く、子・勇を好むか。吾《わ》れ嘗《かつ》て大勇を夫子《ふうし》に聞けり。*自ら反《はん》して縮《なお》からずんば褐寛博《かつかんぱく》と雖《いえど》も吾れ惴《おそ》れざらんや。自ら反して縮くんば千万人と雖も吾れ往《ゆ》かんとあるのは、いかにもよく儒教の真骨頭を表すものであると思う。

　道を懐《いだ》いて東京の大学に来たケーベル博士は、もろもろの新進教授にはむしろ*慊焉《けんえん》たるものがあったが、かえって*根本通明《ねもとつうめい》翁《おう》らの有する烈々たるこの精神に触れ得て、おのずから畏敬の襟《えり》を正したことも、熱烈なる求道の志士*ポール・リシャル氏が日本に遊んで滔々《とうとう》たる、いわゆる文化の徒を避けて、*頭山立雲《とうやまりつうん》翁や*大川周明氏らと遊んだのも、まことに面白い事実である。

---

*瀏喨
冴え渉って鳴り響く楽器の音。

*自ら反して縮からずんば〜吾惴れざらんや
自分を省みて正しくなければ、たとえ相手が卑賤な者でも怖れざるを得ない。

*慊焉
あきたらなく思うさま。

*根本通明（一八二二〜一九〇六）
江戸後期・明治時代の儒者。維新後、帝国大学教授。朱子学から考証学に転じた。

*ポール・リシャル
フランスの哲学者。一九一六年来日し四年間の滞

儒者はこの内面的戦闘を「道心」と「人心」、「天理」と「人類」との葛藤《かっとう》と観ている（かくの如き哲学的省察は、仏道の影響を受けて特に唐末より宋明に及んで盛んになり往《い》った）。

天命とは、つまり人心・人欲に充《み》たねばやまぬ道心・天理の主張にほかならない。この絶対的主張を枉《ま》げて人心・人欲に就くは、悪である。

しかしながら、そういう天理・人欲はいかなるものであるか。両者は根本的に相容《あいい》れぬ相仇的《そうきゅうてき》存在であるだろうか。

深く考えてみると、かくの如き観念は自覚上の事実であって、本来両者は風の虚空《こくう》を吹くが如く、水の地上を流るるが如く、一*太極《たいきょく》の活動である。私はこれを平たく欲求といっておく。欲求は無限に複雑である。

ただ、これらは雑然として統一のないような作用ではなくて、常に体系をなしている。即ち欲求はすべて全体における部分であり、一《いっ》に統《す》べられた多である。

---

日。大川周明と親交を結んだ。

**＊頭山立雲**（一八五五〜一九四四）
頭山満《みつる》のこと。玄洋社を結成、大陸進出の強硬外交を唱えた大アジア主義者。

**＊大川周明**（一八八六〜一九五七）
大正・昭和時代の国家主義者。大正八年、北一輝と共に猶存社《ゆうそんしゃ》を結成。ファシズム運動の理論的指導者。

**＊太極**
宇宙の本体。万物生成の根元。易から発し、宋学の宇宙論の中で重視された概念。

そして多くの部分は部分相互に相聯関《あいれんかん》し、また全体に対約《*たいやく》せられて、ここに初めて生育がある。その理趣《*りしゃ》は、有機体の活動を見てもよく発明されるであろう。

成育において、対約はほとんど根本的要件である。もしたとえにあるように、口には美味《うま》いものばかりを貪り、身体は安逸《あんいつ》を欲して寝そべってばかりいたならばどうか。たちまち全体の生活を破って、結句《けっく》あらゆる部分をも枯死《こし》させてしまう。

人欲とは、つまりこの部分的欲求であって、これに対する全体的統一欲求が天理である。

したがって、天理は生育を支持する条件、平たくいえば生育に宜《よろ》しきものが天理である。

この宜しき意味よりして、天理を「義」と称する。義に就くは、つまり性に率《したが》うことにほかならない。前にも述べたように、『中庸』はこれを道といっている。

かくの如き内面的原理である義の具体的表現が、とりも直さ

---

*対約
合わせ結ぶこと。

*理趣
事のわけ。物の道理。

ず「礼」である。

ゆえに礼は、小にして我々の面目肢体《めんもくしたい》を正《ただ》し、大にしては家庭社会を円満美好《びこう》にする。

義・礼に伴うものは「敬」の情である。我々の紛々《ふんぷん》たる部分的欲求が堂々たる全体者に対する時、そこにおのずから敬の情が湧く。天地の御稜威《みいつ》*を感得して、始めてこの身もあやに畏《かしこ》いことが分るのである。

これに反して、部分的欲求の衝動のままに、動物的生活をほしいままにする荒淫《こういん》な生活では、どうしても自ら敬を覚えることができない。そこに、人格を無視する唯物的議論も横行《おうこう》し得られるであろう。

人格は義の統治する礼の国、敬の国である。心にも亡国的荒野があることを、我々は忘れてはならない。

そこで真の勇は義理より発し、礼と相俟《ま》たねばならぬ。勇者は同時に敬虔でなければならぬ。

＊御稜威　天皇・神・大宇宙などの威光。

『論語』にも、「*子路《しろ》曰く、君子勇を尚《とうと》ぶか。子曰く、君子義以《もっ》て上《かみ》と為す。君子勇有《あ》って義無ければ乱を為す。小人《しょうじん》勇有って義無ければ賊を為す」と説いている。

君子にして乱に終わった者には、たとえば*大塩中斎《おおしおちゅうさい》や、近代では*前原一誠《まえばらいっせい》、*江藤新平《えとうしんぺい》がある。賊を為す小人の勇者は、今もなおその多きに苦しむではないか。

## 中庸は士の学なり

我々が単なる人間的生活にやむにやまれずして、道を学ぶ時、かくの如く義を知り、礼を解し、敬畏《けいい》を覚える。

それではそういう義・礼の主体たり、また人欲の主体でもある「我」とは、いったい何であるか。

一番素朴《そぼく》な考えでは、肉体を何よりも確かな我の証拠とする。しかしこれは少し考えると、案外たよりない存在である。実際

---

**＊子路曰く〜賊を為す**
「子路が突然、有徳の君子は勇を貴ぶでしょうかと質問した。これに対して孔子は、君子は正義を以て最上のものと考えている。もし位に在る君子にして勇があって義がないと叛乱をなす憂いがある。又人に治められている小人が勇有って義のない場合は盗賊を働くようになるであろう。大切なのは義に適う勇であると諭した」（『論語』陽貨篇）。

**＊大塩中斎**（一七九三〜一八三七）
大塩平八郎。江戸後期の陽明学者。天保の飢饉に際し、窮民救済を訴えて反乱

の行為からいっても肉体は、いくらでも＊土木視《どぼくし》される。大石良雄をかりていえば「万山《ばんざん》重からず君恩重し。一髪《いっぱつ》軽からず吾命《わがめい》軽し」である。認識を論じても、肉体を組成する色やら香やら味やら手触《てざわ》りやら、形状や運動は、皆我々の感覚にほかならぬ。我々の実生活において、我の観念は肉体ではなくて、欲求に基づくものである。欲求の太極《たいきょく》（統一の中心）が我である。酒色《しゅしょく》に荒《すさ》む人間の我は、酒や女以上の何ものでもない。守銭《しゅせん》奴《ど》の我は、黄金より以上のものを容《い》れない。

仏教十二因縁説の妙趣は、またここにもある。平生《へいぜい》豚のような欲望にのみ生きた者は、その実《じつ》、有たる我が今度は豚に相応の実在（名色《みょうしき》）を生み、豚の形（六入《ろくにゅう》）になって生きねばならぬかもしれない。

そはとにかく、我は欲求の太極、統一の中心であるが、その統一は本来無始無終《むしむしゅう》である。無限そのものである。したがってその太極——我も無限に遠大《えんだい》とならねばならぬ。

---

を起こし敗れて自殺した。『洗心洞箚記《せんしんどうさっき》』は有名。

＊**前原一誠**（一八三四～一八七六）
長州藩士。不平士族の中心として萩の乱を起こし、斬罪に処せられた。

＊**江藤新平**（一八三四～一八七四）
佐賀藩士。征韓論に賛同して下野。後に佐賀の乱を起こし、斬罪に処せられた。

＊**土木視**
土地や樹木などの物質と同一視すること。

「仁」とは、かくの如き義の限りなき統一作用にほかならない。仁は義に対するものを善《よ》く義に融合する。その時、我はすでに一段と造物者に近い。

親の我は子を含んでいる。子の喜憂《きゆう》はただちに親の喜憂である。忠臣の我は主君に係《かか》っている。ゆえに君《きみ》・辱《はずかし》めらるれば臣《しん》・死するのである。

すべて道徳は、何のためのものでもない。一《いっ》に我のやむに止まれぬ生育に拠《よ》る。

かくして我はこの肉身にとどまらず、家国《かこく》天下にまで拡充されねばならない。

聖人天子は、*天下の一夫《いっぷ》もその所《ところ》を獲《え》ざる時は、みずからこれを溝中《こうちゅう》に陥れる如き責任感を持つ。*維摩《ゆいま》の病はほかでもない。衆生病むがゆえに我病むのである。

阿弥陀仏の悲願は衆生の一人だも救われざるかぎり、断じて法楽《ほうらく》に安《やす》んぜぬと誓う。ここまで至らねば、人間も天徳を発揮

---

**＊天下の一夫〜陥れる**
伊尹が殷の湯王の相として天下を治めしめた際、その使命感を述べた言葉。「天下の人民、名もなき者一人でも、堯舜の恩沢を被らぬ者があったら、あたかも自分がその人間を溝の中へつき落しでもするかのごとく考えた」。『孟子』万章上篇に見える語。

**＊維摩**
維摩経の主人公の称。在家の維摩は、釈尊の高弟や菩薩以上に高度な教理を説くとされ、資産家でその居宅は、方丈であったという（→方丈記）。

したものということができない。

我の包容が、かくの如く遠大となるにしがたって、先の紛々《ふんぷん》たる矛盾対立はすべてその中に摂取されるから、おのずから戦闘的気分も雄大になって、こせこせしなくなる。是れいわゆる浩然の気である。

我の涵養が狭いというと、この戦闘的精神が息苦しく現れて、せっかくの剛操や正直や清廉の徳も、ことごとくすこぶる陋《いや》しい風気《ふうき》を帯びてくる。

それは素行もいったように、大丈夫のことではない。大丈夫は志気が遠大でなければならぬ。つまり我を大きく持たねばならぬ。そして涵養を積むというに、そこにおのずから風度温藉が生じる。

風度温藉は、『中庸』にいわゆる「中和」の状態である。『中庸』に「＊中和を致して天地位し万物育つ」と述べているが、まことに我の完成、人格の充実を無視して、人々相互に＊豺狼《さいろう》のよ

---

＊中和を…万物育つ
中と和とを実現しつくせば、（人間世界ばかりでなく）全宇宙の秩序が少しの狂いもなくなり、ありとあらゆるものがその生長を遂げて全宇宙が繁栄する。

＊豺狼
山犬と狼。残忍で貪欲な人の譬え。

うな利己主義的貪虐《どんぎゃく》をほしいままにする時、人生を残害《ざんがい》し、天地万物を否隔《ひかく》せしめるが、もし能《よ》く人々がおのおのその性を養い、仁を拡充すれば、天地万物は健やかに生成化育してゆく。

中庸の哲学は宇宙人生の根柢を我に発見し、我を養うて、円満美好なる宇宙人生を生育せしむる所以の道を明らかにするものである。

これ明らかに士の学ではないか。

副島侍講は、実にこの学問を明治天皇に進講し参らせた。その大帝のご聖徳《せいとく》に至っては、次講の結論において改めて説くであろう。

---

*貪虐 貪欲で残虐なこと。
*否隔 拒否して隔離すること。

# 第八講　結　論

## 不朽の生命と不断の瀕死

前講において私は、士の根本精神を説いて人格の意義を明らかにし、宇宙と我との*円融無礙《えんゆう》に論及した。そこで最後に、士道よりして生死の問題にふれてみたいと思う。

この問題はすでに我が武士道によって遺憾なく解決されているから、本講はおのずからまた日本武士道の*闡明である。

*真摯《しんし》なる人生の思索求道《ぐどう》は早晩《そうばん》生死の関に逢着《ほうちゃく》せざるを得ないであろう。何といっても死は、人間の最も堪え難く不安不可

---

＊円融無礙
相互に融和し、完全円満な世界を形成して、とらわれがなく自由自在なこと。

＊闡明
はっきりしない道理や意義を明らかにすること。

＊真摯
まじめで直向《ひたむ》きなさま。

＊ぬるがうち～見ず
眠っているうちに見るの

思議な暗黒である。

　幸か不幸か人間は、案外夢のように生を送っている。「*ぬるがうちに見るをのみとや夢といわむはかなき世をもうつつとは見ず」。生すでに夢であるから、はっきり死の問題をも考えないで過ぎてしまう。そして死に直面して始めて慄然《りつぜん》として覚める。

　*ダントンほどのしたたか者も断頭台に上って、「こりゃダントン奮え！」と、みずから叱咤《しった》せざるを得なかったほど意気地がなかった。この一大事の解決は、幸い日本人にとりて武士が鮮やかに範を示してくれている。

　関ヶ原の役を思うごとに、最も私の心を動かすものは*大谷吉隆《おおたによしたか》である。*上杉景勝《うえすぎかげかつ》が石田三成《いしだみつなり》と策応《さくおう》して会津《あいづ》に事を起こした時、天下の形勢より観《み》て、要するに無謀の挙《きょ》であることを深く遺憾に思った彼は、わざわざ両者の間を調停するために居城敦賀《つるが》を出発して、途中江州佐和山《こうしゅうさわやま》に親友石田三成と会見した。


---

だけを夢というのではない。果かないこの世もまた、現し世でなく夢の世と見る。

**＊ダントン**（一七五九～一七九四）
フランス革命の指導者。ロベスピエールの革命政府の打倒を試み、処刑された。

**＊大谷吉隆**（一五五九～一六〇〇）
安土桃山時代の武将。石田三成と仲が良く、関ヶ原の戦いでは三成に味方し敗れ自刃した。

**＊上杉景勝**（一五五五～一六二三）
上杉謙信の養子。秀吉五大老の一人。関ヶ原の戦の後は家康に従った。

しかるに、彼の識見と義勇を平生深く頼みにしていた三成は、この時、その胸の底を割って彼に荷担《かたん》を迫ったのである。けれども吉隆の眼中に成敗は明らかに見えていた。三成らの壮挙《そうきょ》は要するにまた民衆を無意味に苦しめるにすぎないであろう。彼はかく思い定めて懇々《こんこん》と三成を諫《いさ》め、兵を率いて東《ひがし》した。

その途中も、友を思う情に厚い彼は心配でならず、その心を許した部将*平塚為広《ひらつかためひろ》を遣《つか》わして、重ねて三成に所志を翻《ひるがえ》すべきことを力説させた。

けれども三成は、どうしても初志を翻さなかった。それを聴いた吉隆は、深刻な情懐に沈んだ。

彼は久しく癩病を患《わずら》って目も悪い。起居《ききょ》も不自由である。その悪疾《あくしつ》の彼を故太閤は材を愛して寵遇《ちょうぐう》した。彼にとって故太閤は、永に忘れ難い恩義ある君である。

---

＊平塚為広（？～一六〇〇）　大谷吉隆の武将。美濃垂井城主。因幡守。その娘も大力の持主として知られた。

太閤在世の砌《みぎり》、ある日茶の席で、彼が鼻汁を茶碗に落として、隣に廻しかねていた時、太閤は早速の機転で、茶が冷《さ》めたろうと彼の手から茶碗を取りもどし、そのままぐっと飲みほして、新たにたてた——その風度に熱い感激を覚えた彼が、その時すでに太閤のために死を決したというゆかしい伝説は、国民周知の事実であろう。

三成はその太閤の膝下《しっか》にともに忠勤を励んだ旧友である。三成が企《くわだ》てにはもとよりやむにやまれぬ功名の念もあるが、また故君を思う武士の情義も認めねばならぬ。

そして熟々《つらつら》今度の雲行きを眺めるに、こはとうてい自分の力を以て調停されそうにもない。どうせ一戦争免れないものとすれば、碌々《ろくろく》*として余命を貪るより、多年の友誼《ゆうぎ》に一身を捧げよう。ましてこの戦《いくさ》、究竟《きゅうきょう》三成に勝利あろうとは思えぬ。生きて空しく親友の屍《しかばね》を曝《さら》すを看《み》んよりは、快く友誼に殉ずるこそ

---

＊碌々
平凡なさま。役に立たないさま。

武士の本懐《ほんかい》である。

かくて彼は決然、旗を翻して三成を助け、関ヶ原の一戦に平塚為広らを帥いて手痛き合戦の末、志の如くに玉砕《*ぎょくさい》した。爾来《じらい》、永久に彼の心事《しんじ》は国民の胸琴《きょうきん》を高弾《こうだん》してやまない。

何がゆえに？　そは我らが彼によって「真に生きること」のいかにあるべきかを内省《ないせい》せしめられるからではあるまいか。

すべて生きんとする意志は、いうまでもなく人生の原動力である。しかしながら、ただ生きようとするだけではまだ動物的境界にすぎない。人格において、始めていかに生くべきかの内面的要求を生ずる。

ここに人にのみ許された至尊《しそん》なる価値の世界――法則の世界――自由の世界があるのである。

ただ生きようとする意志は、やがて自己保存・種族維持の努力となって現われ、長生《ちょうせい》を願い、限りなき不死を望む。

しかるに、一度「いかに生くべきか」の内面的要求に基づい

＊玉砕
玉が美しく砕けるように、名誉や忠義を重んじていさぎよく死ぬこと。

てくると、この自己を保存し種族を維持しようとする努力に、新たな自覚を生ずる。

前者は限りある時間――数量的時間を一分でも一時でも余計に偸《ぬす》もうとする執着であるが、後者はかくの如き有限な計数的時間を超越して、永遠の今*（Eternal Now）に安立《あんりつ》しようとするものである。

一方は官能的欲求の満足であるが、他方は至尊なる価値の体得――理想の実現である。

一歩一歩理想を実現してゆく努力のない生活は、この意味において、フィヒテのいうように「不断の瀕死」であろう。

そこで人格の世界と肉欲の世界とでは、生死の意義にまるで相違があるといわねばならぬ。

吉隆は大死一番することによってかえって永生《えいせい》した。これに反して小早川秀秋《こばやかわひであき》や福島正則《ふくしままさのり》などは、不断に瀕死の苦を受けた人々であろう。

---

＊永遠の今
ゲーテの言葉。「永遠」は、時間・空間の次元を超越した絶対的価値を体現しようとする「今」の内面的な展開でなければならない、との説明。

「君公若《も》し一身の快を思い給わずして、御家万代《おいえばんだい》の栄《えい》を思し召《おぼ》されなば、此《こ》の際篤《あつ》と御賢慮《ごけんりょ》あって然《しか》るべし」というような、忠義ぶった老臣の唯物的打算に乗せられた彼らの後半生は、実に悲惨なものであった。

士の行蔵《＊こうぞう》の重んぜねばならぬ秘義は、ここにあるのである。ただ生きるだけならば、始めから行蔵などという問題の生ずるわけはない。

## 死の覚悟と念々の誠

日本民族の理想的精神は、このいかに生くべきかの問題について深刻なる磨錬《まれん》を重ねた。いかに生くべきかは、むしろ武士の教えの如く、いかに死すべきかとした方が切実であろう。

人は天晴《あっぱれ》な死を遂《と》げんために、必然平素において死の覚悟がなければならぬ。何となれば、天晴の死は絶対的価値の体現、

＊行蔵
　世に出て道を行うことと隠遁して世に出ないこと。出処進退のこと。

即ち永生である。

しかるに、死に臨んでたちまち狼狽するようでは、静慮《せいりょ》より発する智慧は光を滅して、至尊なる価値を体認するよすががない。絶えず死を見つめるだけの余裕があって、初めて不朽《ふきゅう》の価値ある死に就《つ》くこともできるであろう。

武士の本領は、平生における死の覚悟にあると思う。死を覚悟する時、猥雑《わいざつ》な妄念はおのずから影を潜《ひそ》めて、人間の誠が現われる。＊大道寺友山《だいどうじゆうざん》が

武士たらんものは正月元日の朝雑煮《ぞうに》の餅を祝うとて箸《はし》を取《と》初《はじめ》より其の年の大晦日《おおみそか》の夕に至るまで日々夜々死を常に心にあつるを以て本意の第一、と仕候《つかまつ》
（『武道初心集』上巻）

と述べているのは、武道に入ろうとする者にとっていかにも

＊大道寺友山（一六三九～一七三〇）
江戸時代前・中期の兵法家。小幡景憲、北条氏長、山鹿素行などに兵学を学ぶ。武家の故実に詳しく、『武道初心集』を著《あらわ》した。諸大名に兵学を講じた。

至言《しげん》といわねばならぬ。「据物《すえもの》の心得《こころえ》」なども、その最も徹底した工夫であろう。

一剣によって比類稀なる荘厳自由な人格を錬り上げた宮本武蔵に、一見してその非凡の人物を見抜かれた熊本藩の英霊漢・都甲太兵衛《とごうたへえ》が、太守から日頃覚悟の筋《すじ》をきかれた時、彼はしばらく小首を傾けていたが、やがておもむろに口を開いて、自分は据物の心得ということにふと心づいて、それからいつも人は据物で、いつでも打たれるものであると思い、それを平気で打たれる心持になるように力《つと》めた。

もちろん始めのうちは、ともすれば「据物である」ということを忘れ、またそう思ってみても恐ろしくてならなかったが、だんだん工夫してゆくうちに、いつも据物の心になって、それで何ともなくなった――と答えたと伝えられている。

*かかる時、さこそ命の惜しからめ、かねてなき身と思いしらずば、かねて亡き身と覚悟せぬから、いざという場合に狼狽す

＊かかる時～思いしらずば　太田道灌の辞世と伝わる。「常に死を覚悟していなければ、このような咄嗟の刺殺を受けた際、さぞかし命が惜しいことであろう」

る。それで真の価値観の成立しようはずはない。死の覚悟なくして真の生活はないのである。

官能的欲求のあくなき満足に生き甲斐を認めているような思想家は、荘周《そうしゅう》の口吻《こうふん》を以てすれば、夢に笑うて旦《あした》に哭《こく》せねばならぬ者であろう。

『花屋日記《はなやにっき》』に芭蕉《ばしょう》の臨終を記して、

支考《*しこう》乙州《*おとくに》等去来《*きょらい》に何か囁《ささや》きければ、去来心得て、病床《びょうしょう》の機嫌《きげん》をはからいて申していう。古来より鴻《*こう》の宗師《そうし》多く大期《たいご》に辞世《じせい》あり。さばかりの名匠の辞世はなかりしやと、世にいう者もあるべし。あわれ一句を残したまわば、諸門人の望《のぞみ》足りぬべし。

師のいう、きのうの発句は今日の辞世、きょうの発句は明日の辞世、われ生涯いいすてし句々、一句として辞世ならざるはなし。若《も》しわが辞世は如何《いか》にと問う人あらば、この

---

＊**支考**（一六六五〜一七三一）
各務支考。芭蕉の弟子。俳諧の大衆化に尽力。
＊**乙州**
川井乙州。芭蕉の弟子。遺稿『笈の小文』を出版。
＊**去来**（一六五一〜一七〇四）
向井去来。蕉門十哲の一。著作に『去来抄』。
＊**鴻名**
大きな名誉。高名な。

年頃いいすて置きし句、いずれなりとも辞世なりと申したまわれかし。諸法従本来常示寂滅相《じゃくめっそう》。これは是《こ》れ釈尊《しゃくそん》の辞世にして、一代の仏教此《こ》の二句より外《ほか》はなし。古池や蛙《かわず》飛び込む水の音。此の句にわが一風を興《おこ》せしより初めて辞世なり。その後百千の句を吐くに、此《こ》の意ならざるはなし。ここを以て句に辞世ならざるはなしと申しはべるなり——

とあるは、いかにもよく芭蕉平生《へいぜい》の覚悟を伝えている。死の覚悟は人生の夢魔を振《ふる》い落すことである。生活から巫山《ふざ》戯《け》た心を一掃し去るものである。そこに始めて道心の芽がぐんぐん成長する。理想が白熱の光を以て現実を照らす。

かくて人は物欲の桎梏《しっこく》を脱して、大いなる感激に生きんことを欲するのである。

人間の真情《まごころ》も巫山戯《ふざけ》た心を一掃し去らねば本当にしみ出てくるものではない。

---

**＊諸法従本来常示寂滅相**　「諸法は従来、本当に寂滅の相を示すべし」。あらゆる存在は、昔から寂滅の様相を示しているの意。寂滅とは、煩悩の炎の鎮められた究極の安らぎ・悟りの境地、涅槃のこと。

**＊巫山戯た**　「ふざける」の当て字。たわむれる。うかれて遊び騒ぐ。

**＊桎梏**　足かせと手かせ。刑具のこと。転じて自由を束縛すること。

友山も

> 今日在って明日を知らぬ身命《しんみょう》をさえ覚悟仕り候に於ては、主君の御前へ罷出《まかりい》で御用を承《うけたまわ》るも、親々《おやおや》の顔を見上るも、是《これ》をかぎりと罷成事《なること》もやと存ずる心あいに相成《あいなり》候ゆえ主親《しゅしん》へ真実の思い入れと罷ならずしてはかなわず候

と説いて居る。大丈夫が世間の同情や憐みを潔《いさぎよ》しとせぬのは、真情を愛するからである（ニーチェが同情を奴隷道徳〈Sklavenmoral〉として痛撃したその心持ちを深く掬《つか》まねばならぬ）。真情を愛するがゆえに巫山戯た心情を排斥《はいせき》する。恋愛がしばしば軽蔑されるのは、恋愛の否定ではない。恋愛に遊戯が多いからである。

婦女の情は、どうしても大丈夫の情と趣《おもむき》を異にする。母の情はとうてい娘の測ることのできない深さがある。人生を観じ尽

くした歯徳《しとく》の高い師父《しふ》の情に至っては、世にこれほど尊いものはあるまいと思う。
日本人は現世的である。死を軽んずる不思議な心理を持っている民族であるとは、始終見聞《けんぶん》する事実である、その根柢にはかくの如き真理がある。
我々は死を覚悟するがゆえに、この生を愛する。知らず露の命、いかなる道の草にか落ちんと観ずるがために、露の干《い》ぬ間の時を惜しむ。

死の覚悟を、死に臨んでの自暴自棄と誤ってはならぬ。死に臨んで棄鉢《すてばち》になるのは、肉欲のほかなき俗心を証する。

換言すれば「今」に即して「永遠」に参ずるのである。おろかなる者は永遠を解して一分一時の限りなく連《つら》なるものと思い、時間を空間的に解釈して居る。そして今日過ぎてもまた明

---

＊歯徳　歯は年齢の意。年齢と徳行。

＊知らず露の命　『正法眼蔵』の話。果ない露にも似た命をどこの路傍の草に落とすか、はかり知れないの意。『修証儀《しゅしょうぎ》』引用の

＊棄鉢　自暴自棄。やけになること。やけくそ。

日があるように思い、

貴きも賤《いや》しきも人は死を忘るるゆえに過食大酒淫欲等の不養生を致し、*脾腎《ひじん》の煩《はん》を仕出し、思いの外《ほか》なる若死《わかじに》をも致し、たとい存命にても何の用に立たざる病者とはなり果候《はて》

と友山の説く通り酔生夢死《すいせいむし》に終わる。

かくの如き時間の連続に、何の道義もない。真の永遠は今にある。*永遠は今の内展（involution）でなければならぬ。そういう永遠は、生滅流転《しょうめつるてん》の現象界にあってはとうてい解釈されない。現象を通ずる絶対の風光を尋ね、物を貫く人格の世界に入って、始めて体認することができる。

家康の勢力に恐れをなし、御家の万代を思ったかの老臣らは、不幸にして永遠の真義を解しなかったのである。

吉隆の義戦《ぎせん》をいわゆる武士道的愚挙《ぐきょ》として、何がゆえに初志

---

＊脾腎の煩を仕出し
脾臓や腎臓などの内臓の病気にかかり。

＊永遠は今の内展でなければならぬ
永遠は、時間・空間の次元を超越した絶対的価値を体現しようとする「今」の内面的精神的な展開でなければならない。

の通り民衆のために平和策を講じなかったかという批評家らは、要するに永遠の今を味識《みしき》しないものである。

彼らはおぞましくも、物の世界より以上に出ることができないために、いつももしこうすれば（if）ああなったかも知れぬ（and then）というような仮言的判断で分別顔《ぶんべつがお》に道徳を論ずる。もってのほかの猿智慧である。

しかしながら、死の覚悟といったところで犬死《いぬじに》をも避けぬ意味でないことは、言うを待たぬ。死の覚悟は永遠の今を愛する心である。永遠の今を愛することは、絶対的価値を体現しようとすることである。そこに虚静《*きょせい》より発する智慧が輝かねばならぬ。

士が行蔵を慎《つつし》むのも、死処を択《えら》ぶのも、この智慧の作用である。楠木正成の戦死や大谷吉隆の義戦や、近くは西郷南洲《なんしゅう》の最後《さい ご》などには、やはり深刻な智慧が働いていると思う。それは決して今頃の浅薄な悟性的《ごせいてき》智識の及ぶところではない。

---

＊虚静　一物も胸中に止めず、心を落ちつけていること。

*菊池武時《きくちたけとき》の歌に、「もののふの　上箭《うわや》のかぶら　一筋に　思う心は　神ぞしるらむ」とあるが、まさしく我々の衷《うち》なる神によらねば、かの人々の行為を正しく理解することはできぬ。

西郷南洲の如きは、最も*毀誉褒貶《きよほうへん》紛々《ふんぷん》たる死に方をした人であるが、彼は一度、新政府当局者の私欲政治を厭《いと》うの余り北海道退耕を企て、板垣退助《いたがきたいすけ》の熱誠《ねっせい》な諫争《かんそう》に由って思いとどまり、また薩南《さつなん》に帰臥《きが》するに当たって、岩倉具視《いわくらともみ》が明治天皇に彼の近《この》衛《え》都督《ととく》兼陸軍大将の両職を免《めん》ずべき旨《むね》を願った時、天皇は近衛都督は身・在京を要するから免ずるのが至当であるけれども、陸軍大将はそのままで差し支えないとて、どうしても御《おん》聞き入れなかったことを聴いて、あの巨軀《きょく》を投げて皇居を遥拝《ようはい》し、ただ言葉なく感涙に咽《むせ》んだ多感多情の人である。

彼が官軍に抗《こう》するに至るまでには、よくよくの*苦衷《くちゅう》あることは察するに難《かた》くなかろう。彼を一時の感情に身を誤った大愚《たいぐ》の如くに評する賢者は、賢者らしくしてよりさらに大愚が多い。

---

**＊菊池武時**（?―一三三三）
鎌倉末期の武将。法名寂阿。肥後国菊池郡を本貫とする武士。幕府の鎮西探題を攻撃したが敗れて一族討死した。

**＊毀誉褒貶**
ほめたたえることとそしりけなすことの意。世の中の人物評価をいう。

**＊苦衷**
内心の苦しみ。

それに智慧は、虚静なる人格より発するものほど深いことを忘れてはならぬ。

かくして現前の生死は永遠の光に照らされる時、忽然《こつぜん》として妄執《もうしゅう》を散じ、ただ真・善・美の欣求となって輝き、過去、現在、未来の断見も消えて、一念の今に無量寿《むりょうじゅ》・無量光《むりょうこう》を添える。この自覚を体得して、始めて我々の肉体も神聖な存在となるのである。

武士の身だしなみも、これから発すると思う。最後の出陣に際して兜《かぶと》に名香を焚《た》きこんだ木村重成《きむらしげなり》や、刑場に臨んでなお衛生を重んじた石田三成を始めとして、身の不浄を清め、膝を結んで刃《やいば》に伏する烈女の心などは、いかにもゆかしいではないか。

我々は一念の誠を忘れてはならぬ。そしてこのことは古来日本民族の胸琴《きょうきん》を始終奏《かな》でてきた爽やかな天籟《てんらい》であった。

---

*無量寿・無量光
阿弥陀仏の限りない寿命と限りない智慧の光明。

*木村重成（?～一六一五）
江戸初期の武将。豊臣秀頼に仕え、大坂冬の陣では講和の使者として徳川秀忠の本陣に赴き、秀忠の誓紙を受けとった。夏の陣で戦死。弱冠二十三歳の美貌の若武者だったと伝えられている。

*天籟
自然の音響。詩文などの円熟してすぐれている譬えにも用いられる。

かくして士の意味は極めて深遠に、士の道はすこぶる博大《はくだい》である。彼にとってこの肉体も情欲の器《うつわ》ではなくて、理想の権現《ごんげん》（権現とは、かりに現われる意味なることを注意せよ）である。

私はこの深き理趣《りしゅ》を豊かに日本精神より掬《く》んできたが、ここに到って新たにまた荘厳なる日本国体を自覚する。

およそ日本に生まれて日本国体を知らぬは、あたかも我みずからわが使命を知らぬと同じである。かくの如き者については、とうてい光輝《こうき》ある将来を期待することはできない。

しかるに、なかなか自己を知ることは容易でないように、国体を正しく解することも容易でない。

ちょうど現在は、国体観念の最も乱れている時であろう、ゆえに今日《こんにち》、士学の結論にこれを論ずるは、また大いなる意義があるのである。

幾度か説いたように、今我々が目撃して切実に感じている人間のあらゆる不安や惑乱は、要するに人間生活の根柢を誤《あやま》り解《かい》したからである。

今まで人間が努力してきた経営は、一に人格的根柢に基づく創造ではなくして、単なる「物への付加」であった。無礙自由の絶対的世界に生まれながら、その永遠の光を遮《さえぎ》り、不尽の生命を掬まず、我から「物」の殻《から》に潜《ひそ》んで、空《むな》しい機械的労作を続けたとて、どれ程の意義があろう。

自然の一震《いっしん》に繰り返されるものはただ徒労《とろう》である。親を棄てて飛び出した不孝な子が、放浪の揚句《あげく》、故郷の地を踏んで涙を流すように、人間もまた魂の故郷に帰らねばならぬ。

人はまことに久しい間、唯物的見解を脱しなかった。人間一切の精神作用をも、大脳の分泌物というほどにしか実際において考えなかった。

副島蒼海伯の説のように、古人は人間が禽獣以上の者であることを説いたが、近頃は人間が禽獣と違わぬことを教えられてきた。そして愚なること孫悟空《そんごくう》の如く、人は物の世界を築き上げて、それを絶対の世界と妄信し、そこに文字通りに「意馬心猿」の生活をほしいままにして、その成功を誇っていたが、またしてもその違算《いさん》が暴露されたのである。

今や世人が物質万能を狂信している間に、科学者は深く物質の秘義を探《さぐ》って、ついに物質と称し得《う》べき何物の跡をも発見することができなくなり、哲学者は実在の根柢に沈潜《ちんせん》して、かえって人格の絶対的権威を悟るようになった。

人間はもはや空虚な機械的法則を以て宇宙人生に対することはできまい。進んで深く理趣を掬まねばならぬ。

かくの如き人間至上の哲学的要求から観て、私はわが日本にこそ独り民族各自の生活にとどまらず、国土自体及び国家について、とうてい他国に観ることのできない最高の理趣を自覚するのである。

## 国土の人格的意義

私が建国の由来《ゆらい》を尋ねて、まず敬虔の情を覚えるものは、我が＊大八洲国《おおやしまぐに》成立の神話である。天地開闢《かいびゃく》してのち、伊弉諾尊《いざなぎのみこと》・伊弉冉尊《いざなみのみこと》の男女二柱《はしら》の神がおのころ島に下《くだ》られて、まず生まれたのが大八洲、即ち日本の国土である。

それから水や木や火の神が生まれ、女神はついに崩御《ほうぎょ》して夜《よ》見《み》の国に行かれた。

夜見の国は見てはならぬ掟《おきて》であったが、男神はその掟を破って穢《けが》れを見、馳せ還りてその穢れをお洗いになった時、目鼻から出られたのが＊天照大神《あまてらすおおみかみ》・月読神《つくよみのみこと》・＊素盞嗚神《すさのおのみこと》であった。

天照大神がわが皇室のご先祖であることは言うまでもない。

してみれば大八洲と天照大神とはご兄弟である。同じ親神《おやがみ》から

---

＊大八洲
日本国の古称。大八洲国に同じ。

＊天照大神
伊弉諾尊の娘。高天原の主神。皇室の祖神。大日孁《オオヒメノ》貴《ムチ》とも号す。日の神と仰がれ、伊勢の皇大神宮（内宮）に祀り、皇室並びに国民崇敬の中心とされた。

＊素戔嗚尊
天照大神の弟。凶暴で高天原から追放され、出雲で八岐大蛇を斬って天叢雲《あまのむらくもの》剣《つるぎ》を得、天照大神に献じた。

まず大八洲生まれ、のち天照大神が生まれられたというこの神話に、私は不尽の理趣を覚える。

世界の根柢を科学者は電気とも見よう。哲学者は意志とも見よう。また意識とも観るであろう。要するに、万物は一霊源の限りなき支派《しは》である（石頭大師《せきとうたいし》）。

物と心と、決して根本的に相違した二元的存在ではない。物心は本来一であって、二ではない。ただ現実の経験からいえば、物に即して心を悟ることができる。物から心が出るのではない。物が心の＊初位表徴《しょいひょうちょう》である。

人間の生まれたてはまだ塊然《かいぜん》たる肉体である。それから次第に複雑な精神作用が始まり、崇高《すうこう》な理想も生ずる。

仏教の十二因縁説も、名色・六入から触・受・愛・取と、即ち実在感官から感覚、感情、意志と発展してゆく過程を明らかにしている。それはまさに日本国土成立の神話に現われているではないか。

---

＊初位表徴　初めの段階で外面にあらわれた兆候。

大八洲国は決して単なる物質ではない。その本質を探る時、私はそこに神の人格的な根柢を発見するのである。

天照大神を以て代表せられる我が炎々《えんえん》たる理想精神を、無窮《むきゅう》に発揚《はつよう》すべき必然的条件として、まずこの大八洲の島々が生まれたのであって、日本国土は理想実現の神聖なる使命を有する。仏法の語を仮に用いるならば、まさしく「大乗相応《だいじょうそうおう》の地」である。

もし我々にとって日本国土が単なる物質であるならば、九州を英に割譲《かつじょう》しても、北海道を露に割取《かつしゅ》されても、それは国民の放心か無能のゆえとしてすむかもしれない。

しかしながら、この建国の大義によって、かくの如き神州《しんしゅう》の尺土《せきど》といえども仇《かたき》に奪わるるは、これ明らかに国人が死を以て贖《あがな》うべき罪である。

私はかの元寇《げんこう》の時、亀山《かめやま》天皇が身を以て国難に代らんことを祈願されたそのご心中に、実に悲壮この上もないご覚悟を拝察

＊炎々たる
美しく盛んなさま。

＊「大乗相応の地」
衆生済度を目的とする大乗仏教にふさわしい国土の意。

＊元寇
モンゴル帝国の元朝の遠征軍が日本に来襲した事件。蒙古襲来。文永・弘安の役。

する。かくありてこそ日本の天皇に御座《おわ》します。

憐れむべき独逸のカイゼル・ウィルヘルム二世を見よ。国家を挙げて壊滅の淵《ふち》に陥れておきながら、見るかげもなく異国の片《かた》ほとりに*余生を偸《よせいをぬす》むその*醜陋《しゅうろう》は、日本人たるもののとうてい解することのできない心事である。

国家の光輝ある未来を期するには、ぜひともこの崇厳《すうごん》なる国土の人格的意義を自覚せねばならぬ。個人の場合でも、天地の御稜威の中に立つ身なることを悟って、初めてこの身もあやに尊く感ぜられるのである。

身体髪膚《しんたいはっぷ》、これ祖先英霊の係《かか》る所なればこそ、これを毀傷せぬのが孝の始めなのである。大志を有する者は、その身を愛惜《あいせき》せねばならぬ。

もし自分たちの生活をさえ保障してくれるならば、国土を何国の支配に委《ゆだ》ねてもかまわぬというような考えは、娼婦の卑劣と何の異るところはない。

---

*カイゼル・ウイルヘルム二世（一八五九〜一九一二） プロイセン王、ドイツ皇帝。第一次世界大戦に敗れ、オランダに亡命した。

*余生を偸む 死すべき時に死せずして、徒らに余生を生きながらえる。

*醜陋 みにくくいやしいさま。

## 天皇と国家

神話によれば、この国土には天照大神の御弟、素盞嗚尊がまずお下りになって、ちょうど天孫瓊々杵尊《てんそん＊ににぎのみこと》が天照大神の御旨《ぎょし》を受けて降臨《こうりん》された時、素盞嗚尊の御子孫大国主命《＊おおくにぬしのみこと》が治めておられた。

しかるにこの大国主命は天孫の降臨と知って、おとなしくこの国土を捧げられたのである。

天照大神は天孫降臨の時、三種《さんしゅ》の神器《じんぎ》を伝えて、特に鏡について「之《これ》を見ることなお朕《ちん》が如くせよ」と仰せられたことによっても明らかな通り、智の威徳を現わし給い、これに対して素盞嗚尊は、勇を象徴し給うとは諸人の説くところであるが、この鏡、したがって天照大神の現わし給う智は、これをただの智と解してはならぬ。大神の智はもっと根本的な深遠なる自覚を意

---

＊瓊々杵尊
天照大神の孫。天照大神の命によって、この国土を統治するため高天原から日向国の高千穂峰に降臨した。

＊大国主命
日本神話で出雲国の主神。素戔嗚尊の子とも六世の孫ともいう。少彦名神《スクナヒコナノカミ》と協力して天下を経営し、国土を天孫・瓊瓊杵尊に譲って隠遁し、後、出雲大社に祀る。

味するのである。

　自覚の光に照らされてこそ、一切の人格価値は発揚する。素盞嗚尊の勇も、天照大神の威徳を体《たい》して始めて完全であり、義である。義でない勇は要するに乱をなし、賊《ぞく》に終わらねばならぬ。

　かくてしばしば大神の御旨に悖《もと》った素盞嗚尊の子孫がこの国土を「*うしはいて」おられたのを、天孫降臨によって新たに「*しろしめす」ようになった。

　つまり力政《りきせい》が義政に帰ったので、国土を通じて我々はそこに、天地の*むた極《きわ》みなき自覚的生活の根柢を築いたのである。

　神武《じんむ》天皇がご即位ののち詔《みことのり》を下して、「朕わが皇祖《みおや》の霊《みたま》天より朕か躬《み》を*光助す。宜しく之を郊祀《こうし》して大孝を申《の》ぶべし」と仰せられ、*まつりのにわを*登美《とみ》の山に建てて御鏡をお祭りになったのは、皇祖として真に大孝を申へさせられたものであって、我々は建国の由来を思えば思うほど、深い感激に打たれる。

---

**＊うしはく**
　力により事実上、領有・支配すること。
**＊しろしめす**
　神意に基づく、より高次の統治。
**＊むた**
　格助詞「の」「が」の後に付いて、…と一緒に。
**＊光助す**
　神霊が助ける。
**＊まつりのにわ**
　祭を行う場所。祭場。
**＊登美の山**
　奈良県桜井市にある山。神武天皇の伝承がある。

かくの如く、我が皇室のご先祖である天照大神は、日本の人格的自覚の根源にわたらせられる。日本は大神によって大いなる反省に到達し、天孫降臨によって、永遠の内面的当為《とうい》*を体得した。

ここにおいて、日本はもはや外より与えられた力によって支配される機械的存在ではなくして、自己内奥《ないおう》の力によりて自ら行為する道徳主体である。

大八洲は、もと天照大神と同一神に属するものであるが、大神の威徳がなかったならば永《なが》く死物《しぶつ》に帰《き》したであろう。それを大神の威徳によって、いわば自己を省《かえりみ》ることによって、新たなる発展を試みた。親神の創造を全くせられた。

即ち大神の自己反省の結果、ここに統治の世界（すめらみくに*）が生まれたのである。

天照大神のご子孫たる天皇のご本質もまた、ここにあることを悟らねばならぬ。

---

＊内面的当為
精神的に当に為すべきこと。

＊すめらみくに
皇御国《すめらみくに》。天皇の統治する国。皇国。

天皇の照臨《しょうりん》はとりもなおさず自覚の生活を意味し、天皇の威徳によって政治の世界（真正《しんせい》の意味における国家）が存立する。政治は正し治めること——歪乱《わいらん》の整理を表わす文字で、直《ただち》に道徳的意義を持っている。

政治の世界——国家は、道徳の世界——人格にほかならない。人格は性（我）の自己発展である。そは渾沌《こんとん》より道徳的、意識を創造し、善を善とし、悪を悪たらしめる。

天皇は、かくの如き最深最奥《さいしんさいおう》の意味における性（我）である。そは渾沌の社会より政府を創造し、「*乱を撥《おさ》めて正に反《かえ》さ」しめる。

ゆえに政府はその本質上人間の良心に当たらねばならぬ。民衆はこれに対して、一般欲求を表象するものである。

そこで民衆の教養が発達して、各自の意志行為がそのままに、全体の調和発展を破らぬような高い自由の境地にあれば（真の自由は外より与えられるべきものではなくて、自己の中に存するのであ

---

**＊乱を撥めて正に反す**
みだれた世を治め、正しい状態にかえす。『春秋』公羊伝の語。

る)、政府は次第に簡約になって、「*王者の大統《たいとう》」のもとに無為《むい》自然の社会を現出するに至るであろう。

　これに反して、民衆の道徳的段階が低ければ低いほど、政府の規範的意義は強からざるを得ない。

　けれども*無為自然の化《か》は、要するに限りない理想であって、現実はあくまでも善悪の葛藤《かっとう》による不断の道徳的進歩でなければならぬ。ゆえに政府は、文字通り常に規範的・対約的性質を有する相対的存在である。

　しかしながら、天皇はこれと同次の存在ではない。天皇は前述の通り、無限の創造者である。

　天皇は善悪を超越している。善悪を超越すると同時に、善を善とし、悪を悪とする威徳である。そこに、日本以外に観ることの出来ない深遠な革命の哲理を弁《わきま》えねばならぬ。

　およそ政府の頽廃が革命を惹起《じゃっき》するは、見やすい道理であろう。革命というと恐ろしく、かつよこしまなことのように思う

---

**＊王者の大統**
皇統。天皇の血統。

**＊無為自然の化**
「無為にして化す」(『老子』の語)に基づく。ことさら手段を用いなくても、自然のままにまかせておけば、人民は自然に感化される。聖人の理想的な政治のありかたをいう。

人も多いが、本質からいえば、革命の低度なものは＊官紀振粛《かんきしんしゅく》である。

ただ革命は、政府の頽廃が致命的である場合、国家のやむを得ぬ唯一＊更生《こうせい》（Wiedergeburt）の現象として生ずる生命の躍進にほかならない。即ち「蛇の性を具えたアダムが死んで、衷《うち》なるクリストが再誕する」自己活動にほかならない。

しかるに一般国家にあっては、その政治生活上、政府より以上の位——創造的自由我を表現する天皇のような至尊がないために、革命はいつも政府、もしくは主権者たる皇帝を倒すことになるのである。

つまり国家の最深最奥の性（我）がまだ政治組織の上に表現されていない。その表現されているのは、独り我が天皇あるのみである。

これを以てしても日本が国際間において最高の道徳的国体を有することが判明するであろう。

---

**＊官紀振粛**　国家を治める法を厳しく正すこと。

**＊更正**（Wiedergeburt）〔独〕新生。復興。

**＊危殆に瀕す**

そこで、日本において革命は、必ず天皇より出《い》でなければならぬ。生活の荒淫のためにほとんど救われなくなる時、猛然として新たなる生命を躍新せしめるものは、ほかならぬ自己内奥の創造的自由我の作用なる如く、国家が政府の頽廃によって*危《き》殆《たい》に瀕《ひん》する時、革命を遂行《すいこう》して新たなる局面を打開するは天徳である。天皇の御威徳である。

日本において革命は、政府が天意に叛《そむ》いた廉《かど》を以て*天譴を蒙《こうむ》るのである。事実、日本において*錦旗《きんき》に弓を引くの大逆無道《たいぎゃくむどう》をあえてする革命は、とうてい成功することができない。北条義時《よしとき》ほどの者も、さすがにこの理をちゃんと弁えておった。承久《じょうきゅう》三（一二二一）年、関東軍の総帥《そうすい》として出陣した泰時《やすとき》がわざわざ途中から引返して、

若《も》し道のほとりにも許らざるに*辱《かたじけな》く*鳳輦《ほうれん》を先立てて*御旗《みはた》を挙げられ、*臨幸《りんこう》のげむじゅうなる事も侍《はべ》らんに参りあわ

---

危険な状況に直面する。

***天譴を蒙る**　天罰を受ける。

***錦旗に弓を引く**　天皇に反逆する。錦旗は天皇の象徴。

***辱く**　もったいなくも、恐れ多くも。

***鳳輦**　天皇の乗り物の美称。行幸の際の天皇の乗り物。

***御旗**　錦の御旗。日月を金銀で刺繍した赤地の錦の旗。

***臨幸のげむじゅうなる事**　天皇が厳かにも行幸されること。

ば、其の時の進退如何《いかが》侍るべからむ。この一事を尋ね申さんとて一人馳《は》せ侍りき。

と義時に尋ねた時、彼は答えた。

かしこくも問える男かな。その事なり。まさに*君の御輿《みこし》に向いて弓引くことは如何あらん。さばかりの時は兜《かぶと》を脱ぎ弓の弦をきりて*偏《ひとえ》にかしこまりを申して身をまかせ奉るべし――

建武二（一三三五）年北条時行《ときゆき》の乱（*中先代《なかせんだい》の乱）を平《たいら》げた足《あし》利尊氏《かがたかうじ》がいよいよ叛旗《はんき》を翻した時も、彼は決して後醍醐天皇に対して弓引くと言わなかった。恐らくまた、実際にそんな逆心を持っていなかったと思う。彼は新田義貞《にったよしさだ》を矢表《やおもて》に立てたのである。

---

*君の御輿
天皇の乗り物。鳳輦。

*偏にかしこまり
ひたすら恐縮・謹慎して。

*中先代の乱
建武中興の際、北条時行が挙兵して鎌倉幕府を復活したが足利尊氏に滅ぼされる。その間の二十日間の治世を「中先代」という。

神器の覬覦《＊きゆ》は日本人の夢にも考えられないことで、それは全く最悪なる自殺的行為である。道鏡《どうきょう》の如きは、天皇の寵《ちょう》に慢心して憐《あわ》れにも狂気した者であろう。

かくて天皇は無限の創造者である。最高の統一者である。天皇の内容は即ち国家で、この意味からまさしく「朕《＊ちん》即国家」ということができる。

朝な夕な、人々が奉仕している胸奥《きょうおう》の見えざる神に対して、天皇はげに「あきつみかみ」＊である。限りなき理想、断《た》えざる向上は天皇の本質である。

そしてこの理想、この向上を研究の対象とするものが、即ち帝国学で、帝国学は士学の至れるものであると思う。

---

＊覬覦
　分不相な希望を抱くこと。

＊「朕即国家」
　天子そのものが国家にほかならない。ルイ十四世の言として伝えられる。

＊「あきつみかみ」
　現津御神・現御神。天皇を尊んでいう。

## おわりにかえて——事の経緯——

縁尋機妙《えんじんきみょう》・多逢聖因《たほうしょういん》——いずれも安岡教学《きょうがく》で重んじられている言葉である。

良い縁がさらに良い縁を尋ねて発展していく様は誠に妙《たえ》なるものがある——これを縁尋機妙という。

また、いい人に交わっていると良い結果に恵まれる——これを多逢聖因という。

人間は、できるだけいい機会、いい場所、いい人、いい書物に会うことを考えなければならない（『安岡正篤一日一言』より）。

この書物もまた、縁尋機妙・多逢聖因によって成った名著であった。

顧みれば、九十余年前の大正十一（一九二二）年、安岡先生は、東大卒業の記念にと『王陽明研究』を刊行された。その二年後に刊行された『日本精神の研究』と相俟って、若き安岡先生は、早くもわが国の論壇に不動の地位を確立されたのであった。その『王陽明研究』によって結ばれた縁が、事の始まりであった。この書物は、各界の心ある識者の心を深くとらえたものであったが、海軍の宿老城山八代六郎大将も、その一人であった。

日露戦争には、「浅間」艦長として勲功をあげ、海軍大学校長、海軍大臣も歴任した重鎮、八代城山将軍は、当時、軍事参事官として優遊自適《ゆうゆうじてき》の境地にあったが、陽明学にも造詣が深かったこともあり、その将軍から、「一夜、水入らずでゆっくり懇談したいのでお運び願いたい」との申し入れがあり、八代邸訪問となったという。

その折の談によると、「将軍は、大変な酒豪としても知られている。酒が入るほどに豪快となり、陽明学にも意気があがって、私とは意見が少々違った。そこで私は若気の至りで、将軍、異存がありますとやった。どこが異存だ、から両者大変な議論になってしまった」という。手洗いに立った先生に、隣の部屋から出て来られた奥さんの「もう十二時も過ぎました。酒も五本目（五升）が空きました。主人ももう年ですから」の言葉に先生は驚いて、「これは大変失礼申しあげました。ご挨拶は後日ということで」とお暇しようとすると、「逃げるのか」の一喝。「よし、それなら一週間後に再会しよう」と別れることができた。

ところが再度驚いたことには、一週間後に将軍が羽織袴姿で訪ねてこられて、「先日は、わしが間違っていた。約束通りこれからは先生の弟子にしてほしい」との申し入れ。先生が酒の上のことでといかに辞退しても、将軍は一方的に肯《がえ》んじない。「俠将八代六郎」の面目躍如たるものがある。時に将軍六十四歳、先生二十六歳であった。文字通り「忘年の交り」であった。これ以後、同席の時の将軍は、決して先生の上席に坐ろうとされなかったという。

若き安岡先生が海軍大学校の講師に推挽されたのは、実に如上の謂《いわ》れがあったのである。戦前の新聞などでは、「陸軍は大川（周明）、海軍は安岡」と評されたように、爾来、海軍要路と安岡先生との浅からぬ縁が、これを機に育《はぐく》まれていったのである。その直後に刊行された『日本精神の研究』の跋文は、八代六郎大将と大川周明の、共に感銘をこめた筆に成るものであることを思えば、縁尋機妙としかいいようもあるまい。

既述のように本書は、弱冠二十七歳の安岡先生が、八代将軍の強い推挽を得て海軍大学校講師を委嘱《いしょく》され、一年有余にわたって「武士道哲学新論」を「士学論講」の演題で講じた「講究録」である。

当時の在校生は、二十二期の井上成美《しげよし》少佐、宇垣纏《まとい》大尉等二十一名、二十三期の高木建夫少佐、今村脩《おさむ》少佐等二十一名、後の山本五十六《いそろくげんすい》元帥は、当時中佐で大学校監事であった。

開講に先だって、自ら大佐の折、請うて海軍大学校に入り、青年将校と共に学んだ経歴を持つ八代六郎大将から「これより諸官のために、安岡先生から武士道哲学を講じて頂く。先生は諸官よりお若いが、我輩《わがはい》が心酔し、実に近来稀な方である。心して拝聴するように」という訓示があった。

講談に立った安岡先生は、大尉、少佐の学生より、ずっと若い。井上少佐の九歳下、宇垣大尉の八歳下、山本中佐に至っては、十四歳下であった。この若い講師に先ず学生たちは驚かされた。それに先生は少しも臆する色なく、「私はこのたび曲げて人情に順って、即ちやむにやまれぬ大和魂でこの座に上ったのである。大事は要するに自他の自覚精神に待つほかはない」と、のっけからの開口の弁であった。

これには少佐大尉殿たちも「若造無礼なり」と、酒戦でやっつけてやろうと「せめてこれからお近づきに」と酒席への御招待に及んだが、「この席でも我々は散々の敗北を喫してしまった」。酔い臥《ふ》した将校達に「お先に失礼する」と静かに帰っていった安岡先生に対し、その日以来、帝国海軍のエリート将校達の敬服の心情は揺らぐことはなかったという。

それにしても、「和魂漢才」の伝統にも最近の欧米の政治・哲学にも通暁した若き安岡先生のこの武士道哲学新論を、ネルソン以来の英国海軍サイレントネービーに学び「和魂漢才」の求められる海軍大学校の俊秀達は、どのように受けとめたのであろうか。

平成二十九年五月

公益財団法人　郷学研修所　安岡正篤記念館

副理事長・所長　荒井　桂

編集にあたっては、文字表記は原則として新字体・新仮名遣いとしました。

また、各頁の脚注は、公益財団法人 郷学研究所 安岡正篤記念館副理事長兼所長・荒井桂氏に拠るものです。

〈著者紹介〉

**安岡正篤（やすおか・まさひろ）**

明治31年大阪市生まれ。大正11年東京帝国大学法学部政治学科卒業。昭和2年（財）金雞学院、6年日本農士学校を設立、東洋思想の研究と後進の育成に努める。戦後、24年師友会を設立、政財界のリーダーの啓発・教化に努め、その精神的支柱となる。その教えは人物学を中心として、今日なお日本の進むべき方向を示している。58年12月逝去。著書に『いかに生くべきか——東洋倫理概論』『日本精神の研究』『王道の研究——東洋政治哲学』『人生、道を求め徳を愛する生き方——日本精神通義』『経世瑣言』ほか。講義・講演録に『人物を修める』『易と人生哲学』『佐藤一斎「重職心得箇条」を読む』『青年の大成』などがある（いずれも致知出版社）。

# いかに人物を練るか

平成二十九年五月二十五日第一刷発行

著　者　安岡　正篤
発行者　藤尾　秀昭
発行所　致知出版社
〒150-0001東京都渋谷区神宮前四の二十四の九
TEL（〇三）三七九六—二一一一
印刷・製本　中央精版印刷



ISBN978-4-8009-1148-3 C0095
ホームページ　http://www.chichi.co.jp
Eメール　books@chichi.co.jp